INHALT

Amazonien → S. 74

W0062645

Der Westen → S. 84

Der Süden → S. 94

Reiseatlas → S. 132

GUT ZU WISSEN
Geschichtstabelle → S. 12
Spezialitäten → S. 26
Die Seele der Stadt → S. 45
Jaguar-Show → S. 90
Währungsrechner → S. 123
Bücher & Filme → S. 124
Was kostet wie viel? → S. 125
Wetter in Rio de Janeiro
→ S. 126

KARTEN IM BAND
(134 A1) Seitenzahlen
und Koordinaten verweisen
auf den Reiseatlas
(U A1) Koordinaten für die
Karte von Rio de Janeiro im
hinteren Umschlag
(0) Ort/Adresse liegt außerhalb des Kartenausschnitts
Es sind auch die Objekte mit
Koordinaten versehen, die
nicht im Reiseatlas stehen

**UMSCHLAG HINTEN:
FALTKARTE ZUM
HERAUSNEHMEN →**

FALTKARTE 🗺
(🗺 *A–B 2–3*) verweist auf
die herausnehmbare Falt-
karte
(🗺 *a–b 2–3*) verweist auf
die Zusatzkarte auf der Faltkarte

Die besten MARCO POLO Insider-Tipps

Von allen Insider-Tipps finden Sie hier die 15 besten

INSIDER TIPP ▶ Samba am Hafen

Die echten Sambistas von Rio de Janeiro treffen sich in der Hafengegend, in der Bar Trapiche Gamboa oder bei der Karnevalsgruppe Escravos da Mauá → **S. 44**

INSIDER TIPP ▶ Wo der Fisch glitzert

Japan mitten in Brasilien: Im authentischen japanischen Restaurant Shin Zushi in São Paulo betreten auch die meisten Brasilianer fremdes Terrain → **S. 49**

INSIDER TIPP ▶ Wie im Aquarium

Tauchen Sie mal ab vor der Küste der Insel Fernando de Noronha – es erwartet Sie ein wahrer Farbenrausch unter Wasser (Foto o.) → **S. 63**

INSIDER TIPP ▶ Exotik nach Noten

Klassische Musik am Amazonas: Im Mai lockt das berühmte Opernfestival enthusiastische Musikfans aus aller Welt in eines der schönsten Opernhäuser der Welt nach Manaus → **S. 116**

INSIDER TIPP ▶ Tropischer Überfluss

Köstlichkeiten aus dem Meer und exotische Früchte, gemischt zu originellen Gerichten – das können Sie im Paraíso Tropical in Salvador genießen → **S. 68**

INSIDER TIPP ▶ Für Feinschmecker

Ein Frühstück wie das im Gasthaus der Estalagem do Alcino in Lençóis in den Bergen der Chapada Diamantina haben Sie (vermutlich) noch nicht gesehen → **S. 70**

INSIDER TIPP ▶ Traumstrände und -wellen

Das südlich von Salvador da Bahia gelegene Küstenstädtchen Itacaré ist nicht nur für passionierte Surfer ein Strandparadies erster Güte → **S. 70**

INSIDER TIPP ▶ Exotische Erfrischung

In der Sorveteria Cairu in Belém gibt es Eis aus exotischen Tropenfrüchten, von deren Existenz Sie bisher vielleicht noch nie gehört haben → **S. 77**

MARCO POLO

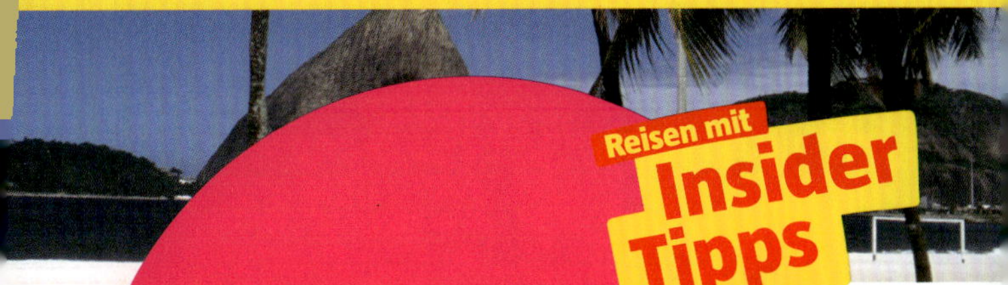

Reisen mit Insider Tipps

BRASILIEN

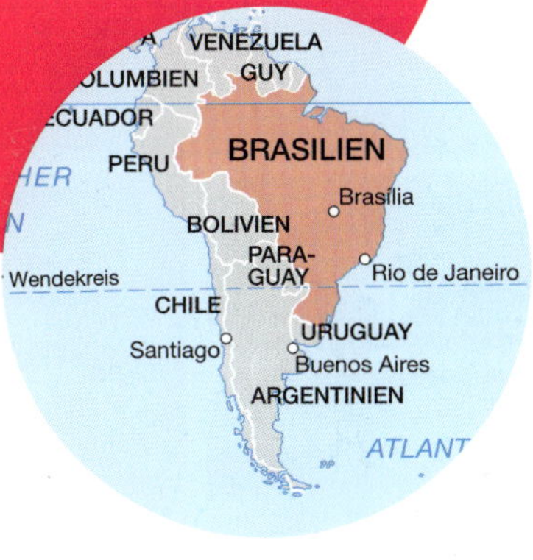
VENEZUELA
GUY
OLUMBIEN
ECUADOR
PERU
BRASILIEN
Brasília
BOLIVIEN
PARA-
GUAY
Rio de Janeiro
Wendekreis
CHILE
URUGUAY
Santiago
Buenos Aires
ARGENTINIEN
ATLANT

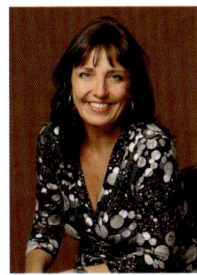

MARCO POLO Autorin
Petra Schaeber

Petra Schaeber begeisterte sich schon als Schülerin für Lateinamerika. Nach den ersten Reisen auf den Kontinent absolvierte sie die Journalistenschule und ein Wirtschaftsstudium in Köln und Rio de Janeiro. Heute lebt die von der afrobrasilianischen Kultur faszinierte Autorin und Journalistin mit ihrer Familie in Salvador da Bahia im Nordosten Brasiliens.

www.marcopolo.de/brasilien

Die besten Insider-Tipps → S. 4

INSIDER TIPP

Best of ... → S. 6

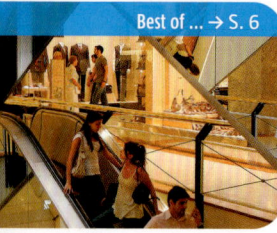

Der Südosten → S. 32

Der Nordosten → S. 52

SYMBOLE

INSIDER TIPP   Insider-Tipp

★   Highlight

● ● ● ●   Best of ...

☼   Schöne Aussicht

☺   Grün & fair: für ökologische oder faire Aspekte

(*)   kostenpflichtige Telefonnummer

PREISKATEGORIEN HOTELS

€€€   über 220 Euro

€€   110 – 220 Euro

€   bis 110 Euro

Die Preise gelten pro Nacht für ein DZ mit Frühstück in der Hauptsaison (Mitte Dez.–Karneval, Juni–Aug.)

PREISKATEGORIEN RESTAURANTS

€€€   über 26 Euro

€€   13 – 26 Euro

€   bis 13 Euro

Die Preise gelten für ein durchschnittliches Hauptgericht ohne Getränke

Titelthemen: Heißes Strandleben mitten in der Metropole S. 39 | Auf Besuch bei Krokodilen S. 89

INSIDER TIPP Ungeahnte Genüsse

Gehen Sie auf kulinarische Entdeckungstour und probieren Sie einmal die Amazonas-Spezialität Tacacá – perfekt zubereitet von Gisela – auf dem Platz am Opernhaus von Manaus. Das erfrischende Kribbeln im Mund kommt von den Jambu-Blättern → S. 81

INSIDER TIPP Ab in die Wildnis!

Ein echtes Naturabenteuer für Trekkingfans: Erleben Sie das Feuchtgebiet des Pantanal und seinen unglaublichen Artenreichtum in Flora und Fauna offroad zu Pferd, mit Zelten und ortskundigen Führern → S. 90

INSIDER TIPP Moderne Kunst im Grünen

In der Nähe von Belo Horizonte präsentiert das Instituto Inhotim zeitgenössische Kunstformen aus aller Welt im üppig-grünen Umfeld eines herrlichen botanischen Gartens – eine umwerfende Mischung → S. 35

INSIDER TIPP Geschenke für die Meeresgöttin

Bei der Festa de Yemanjá im Bundesstaat Bahia sind die Candomblé-Trommeln am Strand zu hören (Foto u.) → S. 116

INSIDER TIPP Der Geschmack Brasiliens

In ihrem Restaurant Brasil a Gosto in São Paulo zaubert die junge, kreative Küchenchefin den unverwechselbaren Geschmack Brasiliens auf den Teller → S. 49

INSIDER TIPP Stadtansicht

Vom 75 m hohen Fernsehturm aus können Sie die Kapitale Brasília, Oscar Niemeyers Wunderstadt im Flugzeugdesign, im Überblick bestaunen → S. 87

INSIDER TIPP Für Cowboys und ihre Fans

Die Festa do Peão Boiadeiro, das größte Rodeo ganz Südamerikas, findet im August in Barretos statt – ein turbulentes Spektakel → S. 117

BEST OF ...

SPAREN

● **Freier Blick – in jeder Beziehung**
Die Blicke von Zuckerhut und Corcovado kosten Geld, der Besuch der Aussichtsplattform *Dona Marta* in Rio ist kostenlos. Sie schauen auf den Zuckerhut und die Guanabara-Bucht, im Rücken haben Sie den Corcovado mit der Christusstatue → S. 37

● **Sonntags im Park**
Der *Ibirapuera-Park* in São Paulo ist für die Paulistas so wichtig wie der Central Park für die New Yorker. Joggen, schlendern, Basketball spielen, skaten oder eine Kunstausstellung besuchen. Sonntags gibt's Konzerte auf der Freiluftbühne – umsonst und draußen (Foto) → S. 48

● **Straßenkarneval**
Die Karten für den Umzug der Sambaschulen sind teuer. Machen Sie einfach mit bei den Umzügen der rund 300 Karnevalsgruppen, die während der tollen Tage in Rio unterwegs sind. Das macht Spaß und kostet nichts → S. 22

● **Barocke Klänge in Bahia**
Jeden Sonntagmorgen um 11 Uhr gibt es in der Kathedrale von Salvador Barockmusik zum Nulltarif. Verantwortlich dafür ist der deutsche Pater und Kirchenmusiker Hans Bönisch, der die Orgel restaurierte und einen Chor ins Leben rief → S. 66

● **An den Wolken kratzen**
Aus dem 34. Stockwerk der *Torre do Bradesco* genießen Sie den kostenlosen Blick auf São Paulos unüberschaubares Hochhausmeer, bei guter Sicht 40 km weit – atemberaubend! → S. 49

● **Bolero zum Sonnenuntergang**
Wer im Nordosten unterwegs ist, sollte sich den Sonnenuntergang am Strand des Paraíba-Flusses in João Pessoa nicht entgehen lassen: Jeden Abend spielt hier Jurandy do Sax auf einem Ruderboot im Fluss Maurice Ravels wohl bekanntestes Stück – Eintritt frei! → S. 59

● ● ● ● Diese Punkte zeichnen in den folgenden Kapiteln die Best-of-Hinweise aus

TYPISCH BRASILIEN
Das erleben Sie nur hier

● Chillen in der Strandbar
Krebse klopfen, frittierten Fisch essen, flirten, mit
Freunden lachen, im Familienkreise zusammen-
sitzen – der Besuch einer Strandbar gehört zu
den liebsten Beschäftigungen der Brasilianer
am Wochenende. Machen Sie mit, z.B. in
der *Barraca do Loro* in Salvador → S. 67

● Rhythmus, der ins Blut geht
Der Samba und Brasilien, das gehört ein-
fach zusammen. Eine der besten Samba-
Rodas der Stadt gibt es samstags im
Zentrum von Rio. Dann sorgen exzellente
Musiker für Stimmung; mit Essen und Ge-
tränken können Sie sich in den umliegenden
Bars versorgen → S. 43

● Fleisch vom Grill
Die Kellner tragen schwarze Pluderhosen und säbeln von
einem langen Spieß das köstliche Grillfleisch in dünnen Scheiben auf
die Teller. *Rodízios* heißen diese Art von Grillrestaurants, die es in ganz
Brasilien gibt. Die besten gehören zur Kette *Fogo de Chão,* ein besonders schönes Lokal ist jenes in São Paulo → S. 49

● Volksfeste
Wenn Sie im Juni/Juli in Brasiliens Nordosten unterwegs sind, be-
gegnen Sie der Tradition der *Festas Juninas* auf wimpelgeschmückten
Dorfplätzen. Holzfeuer, gerösteter Mais, Liköre, Erdnüsse, Orangen
und Süßspeisen gehören ebenso dazu wie die kleinen Musikgruppen
mit Ziehharmonika, Triangel und Trommel → S. 116

● Kampftanz
Capoeira, der brasilianische Kampftanz, wird in Schulen und Sportstudios trainiert. Oft gibt es einen Tag in der Woche, an dem *Roda* ist.
Manchmal treffen sich Capoeiristas auch spontan zu einer Roda auf
der Straße, z.B. bei den religiösen Festen in Salvador, den Lavagems
und der Festa de Yemanjá (Foto) → S. 20, 65

● Köstlichkeiten von der Straße
Tacacá im Amazonasgebiet, *Acarajé* in Bahia, *Beiju* im Nordosten –
die Brasilianer lieben ihre improvisierten Imbissstände, die am frühen
Nachmittag öffnen und in jeder Region eine andere Spezialität anbieten. Probieren Sie mal Tacacá in Belém! → S. 77

TYPISCH

BEST OF ...

SCHÖN, AUCH WENN ES REGNET
Aktivitäten, die Laune machen

● Trockenübung für Fußballfans
Während die Fans beim richtigen Spiel im Regen sitzen, bleiben Sie trocken unter den Tribünen des Pacaembu-Stadions im *Fußballmuseum* in São Paulo. Die Stimmung bekommen Sie trotzdem mit → **S. 48**

● Ab in die Hängematte
Kaum etwas ist so entspannend, wie vor dem Regen geschützt auf einer Veranda in einer Hängematte zu schaukeln, den Tropfen beim Fallen zuzuhören, zu lesen, zu dösen. Das geht besonders gut in der *Pousada Vila da Sereia* in Boipeba → **S. 71**

● Kaufrausch
Wenn es draußen so richtig grau ist, dann leuchten die Vitrinen der Shoppingcenter von São Paulo noch strahlender und bunter. An Regentagen bleiben Sie beim Einkaufsbummel nicht nur trocken, Sie verpassen dann ja auch keinen Strandnachmittag (Foto) → **S. 50**

● Im Café den Lebenskünstler spielen
Stilvoll Kaffee trinken und süßes Gebäck genießen – das können Sie in der *Confeitaria Colombo* in Rios Zentrum. Zwischen Spiegeln und Kristalllüstern träumt man da von alten Zeiten → **S. 40**

● Raritätenkabinett
Den täglichen Regenschauer können Sie kaum vermeiden in Belém. Am besten sind Sie um diese Zeit im *Museu Paranaense Emílio Goeldi*. Der Deutsch-Schweizer Emil Goeldi hat das Raritätenkabinett eines Naturforschers in ein modernes Museum verwandelt → **S. 76**

● Bei Speis und Trank auf gutes Wetter warten
Eine deftige Feijoada am frühen Nachmittag, begleitet von einer Caipirinha und netten Gesprächen – dabei vergisst man den Regen draußen. Lecker ist der Bohneneintopf in der *Bar do Mineiro* in Rio → **S. 40**

REGEN

ENTSPANNT ZURÜCKLEHNEN
Durchatmen, genießen und verwöhnen lassen

● **Sonne, Strand und Wasser**

Was gibt es Schöneres, als am frühen Morgen oder am späten Nachmittag am Wasser entlangzulaufen. Wenn die ersten Sonnenstrahlen die Oberfläche zum Glitzern bringen oder die letzten Himmel und Wolken rosa-violett färben. Wo das am schönsten ist? Am Strand von Copacabana (morgens) oder Ipanema (nachmittags) (Foto) → **S. 39**

● **Augenblicke der Besinnung**

Wenn Ihnen die Hektik São Paulos zu viel wird, besuchen Sie die im Zentrum liegende *Basílica de São Bento.* Morgens singen hier die Mönche gregorianische Gesänge. Im dunklen Innenraum finden Sie den ganzen Tag über Ruhe und können die Gedanken sammeln → **S. 49**

● **Entspannungsmassage**

Ob am Strand, am Flughafen oder in der Karnevalslounge: Überall, wo Massageliegen oder -stühle stehen, können Sie sich durchkneten lassen. Besonders stimmungsvoll geht das unter den Palmen des *Jardim de Alah* an der Küstenstraße in Salvador → **S. 67**

● **Wenn die Sonne im Meer versinkt ...**

Wenn sich die Sonne auf der anderen Seite der Allerheiligenbucht von Salvador dem Horizont nähert, und die Lichter auf den Schiffen und am Hafen angehen, wird's romantisch. Auf der Terrasse der Bar am *Cruz do Pascoal* treffen sich Liebespaare und Freunde zum Bier → **S. 69**

● **Sternenhimmel**

Schauen Sie mal nach oben! In den Bergen der *Chapada Diamantina* ist die Sicht nach oben häufig komplett klar. Da spannt sich der funkelnde Sternenhimmel mit dem Kreuz des Südens von Horizont zu Horizont – das macht den Kopf frei → **S. 70**

● **The Girls from Ipanema**

Hier können sich die Damen der Schöpfung einmal richtig verwöhnen lassen: *Care Body & Soul* in Rios edlem Stadtteil Ipanema ist einer der schönsten Beautysalons des ganzen Landes → **S. 41**

AUFTAKT

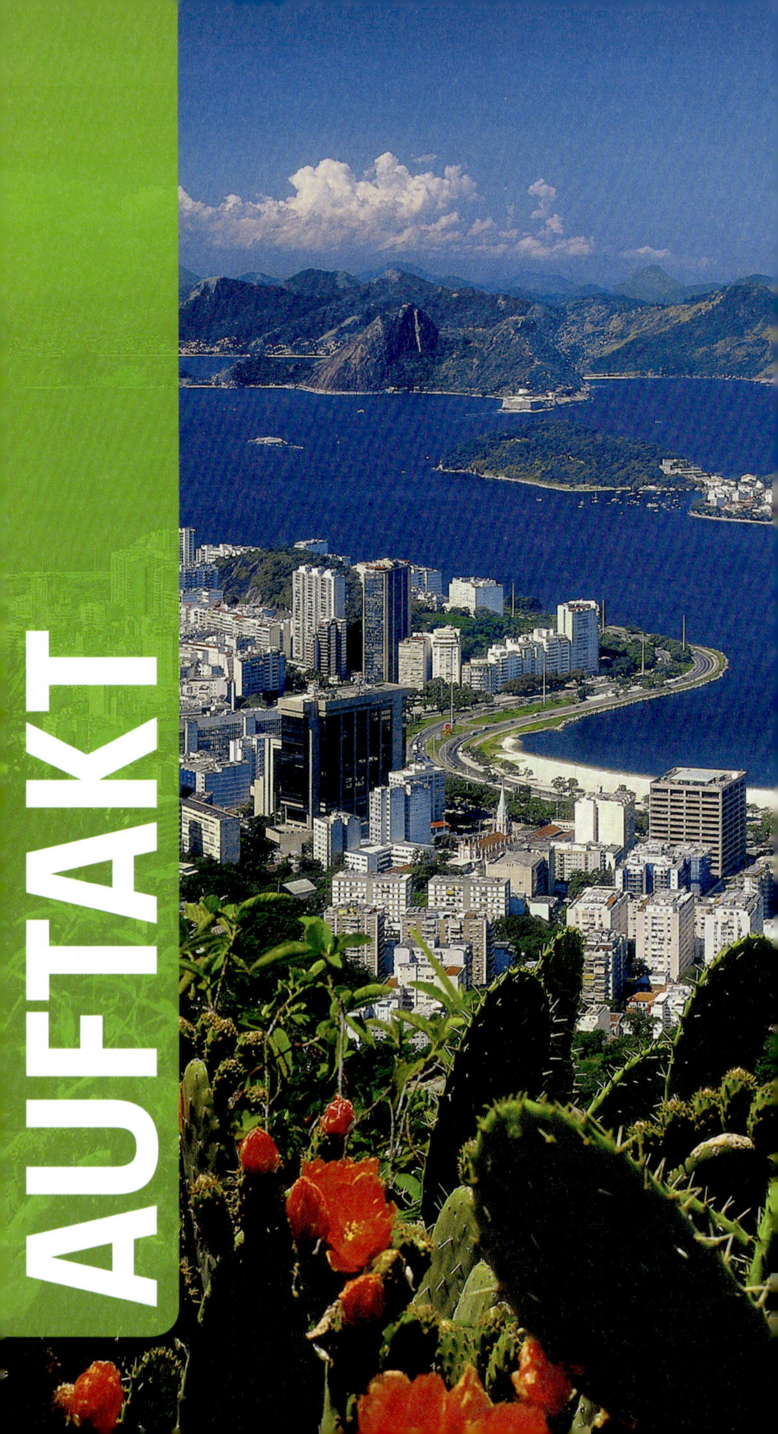

ENTDECKEN SIE BRASILIEN!

„Der erste Eindruck von diesem Lande ist der einer verwirrenden Üppigkeit.... Hier hat die Natur in einer einmaligen Laune von Verschwendung alles auf einen Raum gedrückt, was sie sonst auf mehrere Länder verteilt", schrieb der österreichische Schriftsteller Stefan Zweig vor rund 70 Jahren in seinem Buch „Brasilien, Land der Zukunft". Brasilien hat alles im Überfluss.

So viel Fläche, dass ganz Europa beinahe hineinpasst, rund 8000 km Küste, das größte Regenwaldgebiet, den längsten Fluss der Erde, stellenweise so viele Tier- und Pflanzenarten auf einem Hektar wie in ganz Europa zusammen, zwei der größten Städte der Welt, über 190 Mio. Menschen mit Hautfarben in allen Tönen, unterschiedlichster Herkunft und Kultur: Portugiesen, Spanier, Deutsche, Italiener, Litauer, Polen, Syrer, Libanesen, Japaner, Koreaner und vor allem Afrikaner, die als Sklaven über drei Jahrhunderte lang ins Land gebracht wurden. Den Ureinwohnern, den Indianern, blieben nur noch wenige abgelegene Gebiete, die ihnen von armen Siedlern und Goldsuchern streitig gemacht werden.

Bild: Rio de Janeiro

Die Yanomami-Indianer im Amazonas-Regenwald leben noch vollkommen ursprünglich

Land der Superlative und der Kontraste

Brasilien ist ein Land der Superlative und der großen Kontraste. Brasilien überwältigt durch die überbordende Natur, die Schönheit der Menschen, die Mischung der Kulturen und die Ekstase des Karnevals. Aber Brasilien verstört auch durch seine Gegensätze: von Arm und Reich, Agrobusiness und intakter Natur, Lebensfreude und alltäglicher Gewalt.

Den Südosten dominieren die Millionenstädte Rio de Janeiro und São Paulo, zwei Städte, deren Antagonismus Sie auch als Besucher spüren. Beim Anflug auf São Paulo ein nicht enden wollendes Hochhausmeer, kein Flecken Grün – beim Anflug auf Rio die Spitzen der Berge, die dicht gedrängten Häuser der Favelas, während im Hintergrund das Blau des Meeres aufblitzt. Die Wirtschaft gibt den Takt in der Megapole São Paulo vor, während der Alltag in Rio noch immer von Strand und

Samba auf der einen und dem Überlebenskampf in der Favela auf der anderen Seite geprägt zu sein scheint. Im Karneval, wenn sich die lebenstrunkene Stadt und ihre *cariocas* genannten Einwohner feiern, erreicht das Stadt-Feeling seinen Höhepunkt. Das Hinterland Rios und São Paulos ist bergig, und je weiter es in die Berge von Minas Gerais geht, desto barocker und katholischer wird die Stimmung.

Der Nordosten Brasiliens, die nach Europa und Afrika zeigende Spitze, beginnt mit Bahia und endet in São Luís kurz vor der Amazonasmündung. Dazwischen liegen 3300 km Strände, palmengesäumt,

Die Küste: endlos und abwechslungsreich

mit Dünen, Steilküsten oder Buchten, Urlaubsparadiese für Touristen aus Brasilien und aller Welt. Das Sertão genannte Inland ist trocken und bergig. Manchmal regnet es mehrere Jahre nicht, sodass Mensch und Vieh nicht genug Wasser haben. Kein Wunder, dass die meisten Bundesstaaten des Nordostens auf den Tourismus als Haupteinnahmequelle gesetzt haben.

In Salvador ist Brasilien Afrika am nächsten. In der ersten Kolonialhauptstadt wurden die meisten Sklaven an Land gebracht, sodass bis heute über 85 Prozent ihrer Einwohner afrikanischer Herkunft sind. Die historische Altstadt mit ihren prächtigen Barockkirchen und Kolonialhäusern wurde zum Weltkulturerbe erklärt. Genauso wie der Samba, die von den Sklaven mitgebrachten Rhythmen und Tänze, die mit der Karnevalsmusik die Welt eroberten. Die Holländer setzten sich Anfang des 17. Jhs. in Olinda bei Recife fest, von wo sie über 20 Jahre lang Teile des Nordostens beherrschten. Auch das barocke Kleinod Olinda ist heute Weltkulturerbe, und in Recife gibt es eine lebhafte Musikszene, die traditionelle Rhythmen des Nordostens mit Rap und Funk vermischt. In dem von Franzosen gegründeten São Luís, der Hauptstadt des Bundesstaates Maranhão, mit seinen mit Kacheln geschmückten Kolonialbauten spürt man die Nähe zur Karibik. Die überwiegend afrobrasilianische Bevölkerung hört Reggae und feiert mit afrobrasilianischen Mysterienspielen.

Je weiter man in Brasilien nach Westen kommt, desto weiter wird das Land, desto grenzenloser wirkt es. Da sind die Ebenen, die für Rinderzucht und Getreideanbau genutzt werden, und die *cerrados* des trockenen Planalto, auf dem sich – über 1000 km von Rio und São Paulo entfernt – Brasília erhebt. 40 000 Bauarbeiter stampften die

1840
Dom Pedro II. wird zum Kaiser gekrönt und regiert Brasilien von da an fast 50 Jahre lang

1888
Ende der 350 Jahre dauernden Sklaverei durch das von Prinzessin Isabel unterzeichnete „Goldene Gesetz"

1889
Großgrundbesitzer und hohe Militärs setzen den Kaiser ab, Brasilien wird Republik

1930
Getúlio Vargas übernimmt mit einem Staatsstreich die Macht. Sein Estado Novo wird 1945 von den Militärs beendet

Stadt innerhalb von vier Jahren aus der roten Erde. Der Wildnis des Westens kommt man in den Sümpfen des Pantanal nahe, wo es bis heute mehr Tiere als Menschen gibt. Nördlich des Pantanal, da wo der Planalto zum Amazonasbecken abfällt, beginnt das größte Regenwaldgebiet der Welt, die grüne Lunge unseres Planeten. Amazonien bedeckt fast die Hälfte Brasiliens, ein Ökosystem mit eigenen Gesetzen. In den letzten 40 Jahren sind rund 18 Prozent der Regenwaldfläche verlorengegangen, das sind 710 000 Quadratkilometer – eine Fläche doppelt so groß

Amazonien, die grüne Lunge der Welt

wie Deutschland. Illegale Abholzungen und Brandrodungen für Rinderzucht und Soja-Anbau sind hauptverantwortlich dafür. In den letzten Jahren sind die Rodungsraten erheblich zurückgegangen – auch in Brasilien wächst das Umweltbewußtsein.

Der Süden Brasiliens ist die Region der europäischen Einwanderer. Dort, wo Brasilien an Argentinien und Uruguay grenzt, liegen die weiten Ebenen der Pampa. Hier kämpften die stolzen Gauchos für ihre Unabhängigkeit und gaben den Bewohnern des südlichsten Bundesstaates Rio Grande do Sul ihren Namen. Auch musikalisch sind sie mit Milonga und Gitarrenmusik ihren südlichen Nachbarn nahe. Wagnis und Weite liegen dicht neben Tradition und Enge. Auf dem Land leben die deutschen und italienischen Immigranten teilweise noch wie unsere Großeltern. Canyons und Wasserfälle, Hortensien und Kiefern, Sommer und subtropische Winter, in denen es sogar schneien kann. Und im Sommer, wie überall in Brasilien, geht es an die Strände.

Brasilien ist seit Mitte der 1980er-Jahre eine stabile Demokratie. Mit Präsident Lula hatte erstmals die breite Mehrheit einen Vertreter an der Spitze des Landes, mit dem auch das Establishment zurechtkam. Seine Nachfolgerin übernahm 2011 ein boomendes Land mit starker Währung und einem funktionierenden politischen System. Dilma Roussef ist die erste Frau auf dem Präsidentensessel. Nüchtern, sachlich, couragiert – inzwischen ist sie beliebter als ihr Mentor Lula, auch weil sie korrupte Minister einfach auswechselt. Während ihres Studiums engagierte sich die Tochter eines wohlhabenden bulgarischen Emigranten im bewaffneten Widerstand gegen die herrschende Militärregierung und wurde 1970 verhaftet. Zwei Jahre Gefängnis und Folter folgten. Nach Ende der Militärdiktatur war sie zweimal Energieministerin des südlichsten Bundesstaates Rio Grande do Sul. Das Wirtschaftswachstum hat alle

1956
Juscelino Kubitschek wird Präsident und treibt die Industrialisierung voran

1960
Einweihung Brasilias als Hauptstadt

1964
Das Militär putscht sich an die Macht, wo es sich 20 Jahre hält

1994
Der erste gewählte Präsident nach der Militärdiktatur, Tancredo Neves, stirbt noch vor Amtsantritt. Nachfolger wird Vize José Sarney

1994
Präsident Fernando Henrique Cardoso stabilisiert das inflationsgebeutelte

50 Jahre alt und noch immer futuristisch: das Parlamentsgebäude in Brasília

Brasilianer reicher gemacht – auch wenn sich die gewaltigen Einkommensunter-schiede nur minimal verringert haben. Brasilien ist auf dem Weg zur Weltmacht und wird 2014 Gastgeber der Fußballweltmeisterschaft und 2016 der Olympischen Spiele in Rio de Janeiro sein.

Das Grün des Urwalds, das Gelb des Goldes, das Blau der Flüsse und des Meeres, die weißen Sterne der Bundesstaaten wie Satelliten darin: Die Fahne wird schon im Kindergarten gehisst und jede Woche die Nationalhymne gesungen. Brasilianer ist man/frau mit Leib und Seele, besonders wenn die Nationalmannschaft Fußball spielt oder man selbst in der Ferne weilt. *Saudade* heißt Sehnsucht, und die spüren Brasilianer häufig. „Brasilien verkörpert das Emotionale und Gefühlsbetonte wie we-nige andere Kulturen", sagt der französische Anthropologe Michel Maffesoli, „eine Vorstellungswelt, in der die Gefühle als Widerstand gegen die Schwierigkeiten he-rangezogen werden." Lächeln allen Widrigkeiten zum Trotz – das Land der Zukunft ist Brasilien geblieben.

Land mit der Einführung des brasilianischen Real

2003–2010
Mit Luiz Inácio Lula da Silva übernimmt 2003 erstmalig ein Arbeiter das Präsiden-tenamt. Zwei Amtsperioden regiert er als beliebtester Präsident aller Zeiten

2011
Dilma Roussef, ebenfalls Mitglied der Arbeiterpartei PT, wird Lulas Nachfolgerin auf dem Präsidentensessel

2014
Die Fußball-WM findet in Brasilien statt

2016
Die Olympischen Spiele werden in Rio de Janeiro ausgetragen

IM TREND

1 Sehenswert

In-Viertel In Santa Teresa ticken die Uhren anders. Das Viertel besticht durch seine gemächliche Art, die gepflegten Kolonialbauten und die Aussicht auf Rio. Wie die vom *Hotel Santa Teresa (R. Almirante Alexandrino, 660, Foto)*. Auch die inneren Werte können sich sehen lassen. Ebenfalls ein Hingucker: Die *Galerie HB-195 (R. Hermenegildo Barros, 195)*. Hier können Sie lokale Künstler entdecken. Auch im *Cine Santa Teresa (R. Paschoal Carlos Magno, 136)* heißt es, Augen aufmachen. In dem Arthousekino laufen Filme in Originalsprache.

Alle an Bord 2

SUP Auf einem Brett stehend, Paddel in der Hand, entdecken Sie die Strände von Rio. Nirgends kann Standup-Paddeln schöner sein. Mit *Maximrio (www.maximrio.com)* starten Sie an der Copacabana. Wenn die Wellen zu hoch sind, geht es auf die Kanäle. An der Costa Verde organisiert *Paraty Explorer (www.paratyexplorer.com, Foto)* Ausflüge. Auch im Landesinneren kann man SUPen: Mit Brasilias *Clube do Vento (www.clubedovento.com)* geht es auf den Paranoá-See.

3 Anziehend

Hingucker In Sachen Mode lieben es die Brasilianer gewagt. Eine Tasche in Poform gehört zum Sortiment von Gilson Martins *(Avenida Atlântica, 1998, Rio)*, Recyclingkleider aus alten Plastiksäcken finden sich in der Kollektion von Alexandre Herchcovitch *(R. Melo Alves, 561, São Paulo)*, und *Neon (www.neonbrazil.com.br)* schaffte den Durchbruch auf der *São Paulo Fashion Week* sogar mit einem komplett durchsichtigen Plastikbadeanzug. Bedeckender sind die Kreationen von *Osklen* in São Paulo *(R. Oscar Freire, 645, Foto)*.

Farbenfroh

Favelas Aus einstigen No-go-Areas entwickeln sich nach und nach sehenswerte Ausflugsziele. Die Favelabewohner von Rio oder São Paulo verschönern ihre Viertel, um so Besucher anzuziehen und ihre eigene Lebenssituation zu verbessern. Das Künstlerduo *Haas & Hahn* half ihnen dabei. Gemeinsam bemalten sie 33 Häuser u.a. in Santa Marta *(www.favelapainting. com, Foto)*. Unter dem Namen *Luz nas Vielas* („Licht in den Gassen") wurde etwas Ähnliches auch in São Paulo auf die Beine gestellt. Die Künstlergruppe *Boa Mistura (www.boamistura. com)* hat Farbe in die Favela Vila Brasilândia gebracht. Und die Arbeit trägt schon Früchte: Favela-Hostels wie die *Pousada Favelinha (in Rios Favela Pereira da Silva, www.favelinha.com)* sind ein Indiz hierfür, ebenso wie die Touren *(Buchung über www.favelatourismworkshop.com)*, die die Bewohner durch ihre eigenen Viertel anbieten.

Auf die Waage

Gastro In Brasilien kommt Fleisch gerne kiloweise auf den Tisch. Vegetarier hatten es bislang schwer. Jetzt gibt es immer mehr figurbewusste Kilorestaurants, die hauptsächlich Vegetarisches servieren. Vorreiter war das *Celeiro (R. Dias Ferreira, 199)* in Rios schickem Stadtteil Leblon. Im Landhausambiente kommen u. a. Kichererbsensalat mit Koriander oder Rote-Beete-Linsen-Salat mit Mango auf die Waage. *Biergarten (Av. Getúlio Vargas, 161, Abraão)* klingt eher nach Wurst als nach Tofu. In dem Lokal auf der Ilha Grande kommen Vegetarier aber auf ihre Kosten. Weiter südlich lockt das *Vida (R. Visconde de Ouro Preto 298, Florianópolis)* Gemüsefreunde an.

STICHWORTE

AMAZONAS

Mit 6800 km ist der Amazonas neuesten Messungen zufolge der längste Fluss der Welt. Bevor der Fluss aber überhaupt den Namen Amazonas trägt, hat er schon über die Hälfte seines Weges aus den peruanischen Anden zurückgelegt. Das größte Frischwasserreservoir des blauen Planeten wird aus über 1100 Zuflüssen gespeist, 17 davon sind über 1600 km lang. Eine Wassertiefe von über 60 m ermöglicht es selbst Ozeanriesen, 3720 km flussaufwärts zu fahren. An seiner engsten Stelle, in Óbidos, ist der Fluss noch immer 2 km breit; an seiner Atlantikmündung in Belém öffnet sich ein 330 km breites Delta. Das Amazonasbecken beherbergt das größte Regenwaldgebiet der Welt, in dem ein Drittel aller bekannten Pflanzen- und Tierarten zu Hause ist. Drei Viertel der Fläche Amazoniens, mit rund 5,8 Mio km² eine Fläche so groß wie ganz Europa ohne Russland, liegen in Brasilien. Seit den 1970er-Jahren sind große Flächen tropischen Regenwalds durch legale und illegale Rodungen verlorengegangen. Strengere Umweltgesetze und eine konsequentere Anwendung der Gesetze konnten die Geschwindigkeit der Zerstörung in den letzten Jahren zumindest etwas verringern.

BEVÖLKERUNG

Brasilien hat eine bunt durchmischte Bevölkerung. 5–6 Mio. Indianer sollen im Gebiet des heutigen Brasilien gelebt haben, als die Portugiesen das Papagei-

Bild: Kampftanz Capoeira

Von Capoeira, Fußball und Samba: brasilianische Mischung – afrikanische Wurzeln und europäische Kultur in tropischen Gefilden

enland in Besitz nahmen. In der Folgezeit wurden rund 5 Mio. afrikanische Sklaven ins Land gebracht. Die meisten europäischen Einwanderer stammten aus Portugal, Italien, Spanien und Deutschland. Dazu kamen die japanischen Immigranten. So wundert es nicht, dass die Brasilianer 143 Bezeichnungen für die Selbsteinschätzung ihrer Hautfarbe bei der Volkszählung fanden. Die trockene Statistik fasst zusammen: 47 Prozent weiße, 43 Prozent farbige, 7,6 Prozent schwarze Brasilianer, 2 Prozent sind asi-

atischer und 0,3 Prozent indianischer Abstammung. Die über 200 Indianergruppen leben weit verstreut und sprechen verschiedene Sprachen.

CANDOMBLÉ

Die afrikanischen Sklaven brachten ihren Glauben mit in die Neue Welt. Als Candomblé bezeichnet man die religiösen Praktiken zu Ehren der afrikanischen Götter, die je nach ihrer Herkunft *Orixás* oder *Voduns* (bei den Yoruba und Jeje aus Westafrika) und *Inquices* (bei den

Bantu aus Angola) genannt werden. Die Sklaven wurden von den Kolonialherren zwangsgetauft. Das verhinderte nicht, dass sie weiter ihren Göttern huldigten, im Notfall „versteckt" hinter dem Bild eines katholischen Heiligen. So entstand der Synkretismus, wie man die Vermischung verschiedener Religionen nennt. Als Umbanda bezeichnet man die Vermischung afrikanischer Götter mit katholischen Heiligen und dem Spiritismus – verbreitet in Rio de Janeiro und im Süden. Wer von Macumba spricht, meint meist schwarze Magie.

CAPOEIRA

Kampf und Tanz, Gesang und Percussion, Improvisation und Akrobatik vereinen sich in der Capoeira, ursprünglich eine Kampftechnik, mit der die Sklaven unter dem Deckmantel von Musik und Tanz ihren Körper stählten. Bei einem Capoeira-Spiel stehen zwei Kontrahenten innerhalb eines Kreises und versuchen, ihr Gegenüber mit schwingenden Schritten, Tritten und Schlägen, echten und angedeuteten, zu dominieren. Das Geschehen in der *roda,* dem Kreis, wird bestimmt vom *berimbau,* dem mit einer Metallsaite gespannten Musikbogen mit der Kalebasse. Zum Capoeira-Orchester gehören außerdem die *atabaque* genannte Fasstrommel und das Schellentamburin. Die Umstehenden singen Lieder und klatschen den Rhythmus.

FAVELAS

Favelas heißen die planlos wachsenden, illegalen Wohnviertel der armen Brasilianer in den Städten. Aus dem Canudos-Krieg (1897) im Nordosten nach Rio de Janeiro zurückgekehrte Soldaten siedelten sich auf einem Hügel in der Nähe des Zentrums an, der als Morro da Favela bekannt wurde. Die meisten Favelas in Rio de Janeiro liegen bis heute an den Berghängen, in anderen Städten breiten sie sich in der Ebene aus. Große Probleme gibt es, wenn Drogenhändler in den unübersichtlichen Wohngebieten ihre Imperien einrichten. In Rio de Janeiro konnten einige der wichtigsten Favelas inzwischen von der Polizei befriedet werden. Mit groß angelegten Regierungsprogrammen – alles mit Blick auf die bevorstehenden sportlichen Großereignisse – soll fehlende Infrastruktur aufgebaut werden. Angesichts der Dimension der Favelaproblematik werden aber nur punktuelle Verbesserungen zu erwarten sein.

FUSSBALL

Als die Engländer das Spiel mit nach Brasilien brachten, war es nur den weißen Eliten vorbehalten. Heute ist Fußball neben dem Karneval die größte Leidenschaft aller Brasilianer. Pelé und Garrincha, Ronaldinho, Kaká und Neymar – die Brasilianer sind Ballartisten, bekannt für Kreativität, Eleganz und Schlitzohrigkeit im Spiel. Jahrelang wurden die größten Talente nach Europa exportiert. Der neue Star Neymar blieb zunächst noch in seiner Heimat, doch 2014 wechselt auch er zum FC Barcelona. Jede WM ist ein Ereignis, das das ganze Land in Aufregung versetzt. Fünfmal wurde die *seleção* (die Auswahl) bisher Weltmeister. Bei der WM im eigenen Land ist der Titel fast ein Muss. Der Countdown für 2014 läuft; dann wird das Land im Fußballrausch versinken. Leidenschaft und Talent haben übrigens auch die brasilianischen Fußballfrauen: Fünfmal hintereinander wurde Marta zur besten Fußballerin der Welt gewählt.

GESELLSCHAFT

Die sozialen Gegensätze in Brasilien sind eklatant. Das Land weist noch immer eine der größten Einkommenskonzentrationen weltweit auf. Doch inzwischen hat sich erstmals der Gini-Koeffizient, der die Einkommensverteilung misst, verbessert: Dank des wirtschaftlichen Wachstums und dank *Bolsa Família,* eines breit angelegten Programms von Transferzah-

Aleijadinho, das „Krüppelchen", wurde der geniale Künstler genannt, dessen Skulpturen, Reliefs und Kirchen zum Schönsten des brasilianischen Barock gehören. Der als Sohn einer Sklavin und eines portugiesischen Baumeisters

Dem Goldrausch verdanken die Kirchen von Ouro Preto ihren reichen Schmuck: Nossa Senhora do Pilar

lungen, begonnen unter Präsident Lula. Dennoch wird die Kluft zwischen den gesellschaftlichen Gruppen immer tiefer – mit allen negativen Auswirkungen. Die Beseitigung der Kriminalität, zusammen mit einer umfassenden Reform des Bildungssystems, gehört zu den größten Herausforderungen für Brasilien.

GOLD & BAROCK

Zu Beginn des 18. Jhs. wurde im Bergland von Minas Gerais Gold gefunden. Innerhalb weniger Jahre stieg Vila Rica (Ouro Preto) zur größten und reichsten Stadt Amerikas auf. Mit dem Gold wurden Kirchen und Paläste gebaut, in denen sich portugiesische Traditionen mit brasilianischem Talent vermischten.

geborene Antônio Francisco Lisboa ließ sich seine Werkzeuge an die Arme binden, als seine Gliedmaßen durch eine Krankheit verstümmelten. Ähnlich arm und besessen durchwühlen bis heute Tausende von Goldgräbern die Erde und Flüsse Brasiliens, hauptsächlich im Amazonasgebiet.

KARNEVAL

Brasilien ist das Land des Karnevals. Die Portugiesen brachten das *Entrudo* (Fasching) mit in die Neue Welt. Daraus wurde in den Tropen durch den Einfluss der Sklaven und ihrer Nachfahren der farbenprächtigste Karneval der Welt. Ob bei der Parade der Sambaschulen oder im Straßenkarneval – die Zurschaustel-

Rhythmus im Blut – improvisierte Sambasession am Strand

lung der sprichwörtlichen brasilianischen Lebensfreude ist ein einmaliges Erlebnis. Karneval wird überall etwas anders gefeiert. Höhepunkt in Rio de Janeiro sind die zwei Nächte (So/Mo), in denen die zwölf besten Sambaschulen durch das Sambódromo ziehen. Sie können als Zuschauer auf der Tribüne dabei sein oder sogar bei einer der Sambaschulen mitmachen. Tickets und Infos auf Englisch unter *www.rio-carnival.net.* ● Umsonst auf der Straße sind die Umzüge der Karnevalsgruppen im Stadtzentrum, in Santa Teresa, in Copacabana und Ipanema. In den letzten Jahren erlebte der Straßenkarneval eine echte Renaissance – mitfeiern erwünscht (Infos unter *www.sebastiana. org.br*). Auch in São Paulo (Fr/Sa) und am Amazonas wetteifern die Sambaschulen bei einem Umzug durch ein Sambastadion. Im Nordosten wird der Karneval tagelang auf den Straßen gefeiert. In Salvador herrscht sieben Tage lang Ausnahmezustand: Riesige *Trios Elétricos* – so heißen die von Sattelschleppern gezogenen fahrbaren Bühnen, auf denen Musikgruppen spielen – schieben sich durch die Straßen. Begleitet werden sie von Tausenden Tanzenden in den jeweiligen Blocos. Entlang der Karnevalsmeilen sind riesige Tribünen aufgebaut, *camarotes* genannt, von denen man dem Treiben auf der Straße zuschauen kann. Karten für Blocos und Camarotes gibt es bei *www.centraldocarnaval.com. br.* Viele kleinere Musik- und Karnevalsgruppen, darunter auch Blocos Afros und traditionelle Blaskapellen, präsentieren sich im Pelourinho-Viertel – familiärer, entspannter, aber nicht weniger ausgelassen.

Auch in Olinda und Recife wird auf der Straße gefeiert. Auf einer Bühne am Ponto Zero in der Altstadt Recifes präsentieren sich jede Nacht Frevo-, Maracatu- und Mangue-Beat-Gruppen. Das Treffen der riesigen Pappmachépuppen ist einer der Höhepunkte des Karnevals in den engen Gassen von Olinda. Hier ist der Karneval noch weniger kommerzialisiert als in den anderen Karnevalshochburgen. Wer will, kann mitmachen.

MUSIK

Samba und Bossa Nova haben die brasilianische Musik weltberühmt gemacht. Im Alltag werden Sie sehen, dass immer irgendwo jemand singt, spielt, trommelt, tanzt. Musik gehört einfach dazu, ganz gleich ob intelektuelle MPB *(Música Popular Brasileira)*, seelenvolle Sertanejo-Musik (die Country-Musik Brasiliens aus dem Sertão), poppige Axé-Music aus Bahia, Romantikschmelz, Funk und Rap, fetziger Forró oder eindeutig zweideutiger Pagode. Jede Region hat ihre eigenen Musikstile und ihre eigenen Stars.

RASSISMUS

Obwohl die brasilianische Bevölkerung eine wilde Mischung von Menschen unterschiedlichster ethnischer Herkunft ist, gibt es Rassendiskriminierung. Das wollten die Brasilianer lange selbst nicht wahrhaben, aber die statistischen Daten belegen die großen sozialen Diskrepanzen zwischen Brasilianern heller und dunkler Hautfarbe. Das vorherrschende Schönheitsideal orientiert sich an Nordeuropa: lange, glatte Haare, am besten blond, nicht allzu dunkle Haut und helle Augen. Inzwischen ist das (Selbst-)Bewusstsein der Afrobrasilianer jedoch gewachsen. Statt die Haare zu glätten, tragen die Jugendlichen Black-Power- oder Flechtfrisuren und Rastazöpfe. Rassismus wird strafrechtlich verfolgt, und an den meisten öffentlichen Universitäten z. B. gibt es Quotenregelungen.

RELIGION

Bei aller Lockerheit der Brasilianer: Die Religion spielt im täglichen Leben eine wichtige Rolle. Bis heute ist Brasilien die größte katholische Nation der Welt, deren Bischöfe selbstbewusst auftreten. Aber der katholischen Kirche laufen die Gläubigen in Scharen davon, am häufigsten zu einer der modernen Pfingstkirchen, wo das persönlliche Seelenheil vor allem gegen finanzielle Beteiligungen zu haben ist. Die Vermischung der religiösen Traditionen, insbesondere der afrikanisch-animistischen mit den katholischen – der Synkretismus –, ist seit Jahrhunderten typisch für Brasilien. Es ist nicht ungewöhnlich, mehrfach den Glauben zu wechseln.

WIRTSCHAFT

Brasilien verkauft heute Flugzeuge und Trucks, produziert Erdöl und Biotreibstoffe, exportiert Soja und Orangensaftkonzentrat. Der wirtschaftliche Reichtum konzentriert sich allerdings in den Städten des Südostens und des Südens. Und dennoch: Der Wirtschaftsboom hat ganz Brasilien erfasst. Über 20 Mio. Brasilianer sind im vergangenen Jahrzehnt in die Mittelschicht aufgestiegen. Es wird konsumiert wie verrückt. Der riesige Binnenmarkt ist auch für ausländisches Kapital interessant. São Paulo beispielsweise gilt als größte „deutsche" Industriemetropole.

ZUCKER

Wirtschaftlich interessant wurde Brasilien seinerzeit erst, als es den portugiesischen Besatzern gelang, Zuckerrohr anzubauen. Für die harte Arbeit auf den Zuckerrohrfeldern holten sie Afrikaner als Sklaven nach Brasilien, die später auch im Bergbau, auf den Kaffee- und Kakaoplantagen eingesetzt wurden. Zwei Jahrhunderte lang blieb Brasilien der größte Zuckerproduzent der Welt; bis heute ist das Land weltweit der größte Kaffeeproduzent. Zu Beginn des dritten Jahrtausends steht Zucker nun erneut im Mittelpunkt des internationalen wirtschaftlichen Interesses: diesmal zur Produktion von Bioethanol, das als kostengünstiger Treibstoff gilt.

ESSEN & TRINKEN

So farbig und bunt gemischt, wie sich die meisten Ausländer Brasilien erträumen, ist die vielfältige Küche des Landes. Die afrikanischen Einflüsse vermischten sich mit den portugiesischen Traditionen und nutzten, was die Tropen und die indianische Ernährung hergeben: Fische und Meeresfrüchte, Früchte und Wurzeln sowie Maniok und Bohnen.

Einige Gerichte haben sich im ganzen Land durchgesetzt, wie das *churrasco,* gegrilltes Fleisch, und natürlich Bohnen und Reis, *feijão com arroz.* Das brasilianische Nationalgericht, die *feijoada,* sollte man am besten in Rio de Janeiro probieren. In den Eintopf aus schwarzen Bohnen gehören traditionell die Fleischteile, die im Herrenhaus den Sklaven überlassen wurden: Schweineohren und -schwänze, Pfötchen und Bauchspeck. Heute kommt die *feijoada* in den Restaurants mit besseren Fleischteilen auf den Tisch, aber es bleibt ein deftiger Eintopf, zu dem weißer Reis gehört und *farinha,* geröstetes Maniokmehl. Für die Vitamine sorgen fein geschnittene Kohlblätter, die mit Knoblauch gegart werden, und Orangenscheiben. Den richtigen Pfiff gibt die scharfe Pfeffersauce, *molha de pimenta,* aus frischen Chilis gemacht und mit Vorsicht zu dosieren. Zur Feijoada gehört *cachaça,* der Zuckerrohrschnaps, meist als *caipirinha* mit Limonen, Zucker und Eis oder als *batida,* angesetzt mit Fruchtsaft. In den letzten Jahren ergeht es dem Cachaça wie dem Grappa: Immer häufiger wird er fein gebrannt, in Holzfässern gereift und pur getrunken.

Bild: Panoramarestaurant in São Paulo

Süß, scharf, aromatisch, bunt: Die brasilianische Küche vereint viele Geschmacksrichtungen und Traditionen

Aus den Pampas an der Grenze zu Uruguay und Argentinien kommt die Tradition der Gauchos, der Viehtreiber, Fleisch über offenem Feuer zu garen. Inzwischen gibt es in jeder Stadt zwischen Amazonas und Rio de la Plata eine *churrascaria*. Beim *rodízio* kann man für einen Einheitspreis so viel essen, wie man möchte. Wie in den Nachbarländern pflegen die Einwohner des südlichsten Bundesstaats die Tradition des Matétrinkens. Der belebende, frisch aufgegossene bittere Tee nimmt das Hungergefühl.

Die portugiesischen Wurzeln werden besonders deutlich in der deftigen *cozinha mineira,* der Küche aus Minas Gerais: Spanferkel, Kartoffel-Kohl-Suppe, gerösteter Schweinebauch *(torresmo)* und jede Menge süßer Kompotte und Karamellspezialitäten, Kuchen und Gebäckvarianten. In der Metropole São Paulo kommen zu den europäischen Traditionen die kulinarischen Einflüsse der japanischen Einwanderer: roher Fisch und dampfende Eintöpfe, gegrillte Köstlichkeiten und Sushi – nirgendwo

SPEZIALITÄTEN

▶ **Acarajé** – Teigbällchen aus zerstoßenen Bohnen, Nüssen und Krabben, die in Dendê-Öl gebacken werden; in Bananenblättern gekocht heißt das ganze *abará*

▶ **Aipim** – Maniokwurzeln, gekocht oder frittiert

▶ **Beiju (Tapioca)** – aus Maniokflocken gemachte Fladen, die gefüllt werden

▶ **Bolinho de bacalhau** – frittierte Stockfischbällchen

▶ **Caldeirada (Peixada)** – Fisch- oder Meeresfrüchteeintopf

▶ **Caldo verde** – Kartoffelsuppe mit Kohl und Würstchen

▶ **Camarão alho e oleo** – mit Knoblauch frittierte Gambas (Foto li.)

▶ **Carne do sol** – getrocknetes Rindfleisch

▶ **Caruru** – Okraschoten mit getrockneten Krabben und Cashewnüssen (Foto re.)

▶ **Cozido** – mit vielen verschiedenen Gemüsen zusammen geschmortes Fleisch

▶ **Cuzcuz** – Pudding aus Mais- oder Maniokmehl

▶ **Farofa** – geröstetes Maniokmehl mit Butter, Speck oder Bananen

▶ **Galeto** – gegrilltes Hühnchen

▶ **Leitão Pururuca** – gegrilltes Spanferkel

▶ **Maniçoba** – deftiger Eintopf mit Maniokblättern und Fleisch

▶ **Mingau** – heißer, flüssiger Brei aus Mais oder Maniok

▶ **Moqueca** – Fisch- oder Meeresfrüchteeintopf, gekocht mit Tomaten, Paprika und Koriander in Kokosmilch und Palmöl; ohne Dendê-Öl heißt das Gericht *ensopado*

▶ **Pamonha** – süßer Maisteig, gekocht in Maisblättern

▶ **Pão de queijo** – aus Maniokstärke gebackene Käsebrötchen

▶ **Pato no Tucupi** – gebratene Ente im Saft frischer Maniokwurzeln

▶ **Picanha** – beliebtes Stück Rindfleisch mit Fettrand (Tafelspitz), meist vom Grill

▶ **Pirão** – Brei aus Maniokmehl, der mit Sud angerührt wird

▶ **Quibe (Kibe)** – frittierte Fleischbällchen arabischen Ursprungs

▶ **Rabada** – geschmorter Ochsenschwanz

▶ **Vatapá** – Creme aus zerstoßenen Erd- und Cashewnüssen und getrockneten Krabben

sonst gibt es außerhalb Japans so viele japanische Restaurants wie hier.

Palmöl und Kokosmilch, Kochbananen und Chilischoten in allen Farben – in der bahianischen Küche brodeln Zutaten afrikanischer Herkunft. Das schwere, orangefarbene Öl der Dendê-Palme verbreitet einen typischen Geruch, sobald es erhitzt wird. *Baianas* heißen die ambulanten Köchinnen in ihren prächtigen weißen Kleidern und turbanähnlichen Kopfbedeckungen, die in den Straßen Salvadors Köstlichkeiten anbieten.

Die meisten Brasilianer können mit den exotischen Namen der Früchte und Fische der Amazonasküche wenig anfangen, aber einige Zutaten sind in ganz Brasilien verbreitet: *açaí*, ein dickflüssiges Püree aus *açaí*-Früchten, einer Palmenart, die im Amazonasgebiet zu Fisch, im Rest Brasiliens aber zu Müsli und Bananen gegessen wird – und das *guaraná*, die brasilianische Brause, die wie aufgelöste Gummibärchen schmeckt. Die Indios mahlten die getrockneten *guaraná*-Samen zu einem Pulver, das belebende Wirkung hat.

Die Vielfalt der tropischen Früchte lernen die meisten Besucher bereits beim ersten Frühstück kennen: Bananen, Mangos, Ananas, Papayas, Melonen liegen appetitlich aufgeschnitten auf dem Frühstücksbüfett, dazu frisch gepresste Säfte aus Orangen, Maracuja, Cashew-, Stern- und Acerola-Früchten. Oft wird der Saft aus gefrorenem Fruchtfleisch mit Wasser und Zucker aufgeschlagen, das schmeckt fast wie frisch gemacht. Außerdem gibt es gekochte Maniokwurzeln oder Süßkartoffeln, Kuchen, Kekse und süßen Brei. Und natürlich darf der *café* nicht fehlen. Anders als in Europa gibt es keine Tradition des Cafébesuchs, aber einen *cafézinho*, einen bereits gesüßten schwarzen Kaffee, bekommt man tagsüber überall angeboten.

Das Mittagessen ist den Brasilianern heilig: Punkt zwölf stehen Reis und Bohnen auf dem Tisch. In den Städten bilden sich Schlangen vor den Restaurants mit Mittagsbüfett. *A kilo* heißt das, weil sich jeder selbst am Büfett bedient und hinterher nur der Teller gewogen wird. Bei der Bestellung im Restaurant sollte man sich vergewissern, ob es sich um ein *prato individual* handelt oder nicht, denn

Fruchtig, erfrischend, lecker: Cocktails

oft sind die Portionen für zwei Personen gedacht. Das Abendessen fällt im Allgemeinen leichter aus. Die Restaurants sind oft durchgehend geöffnet. Das ist praktisch, wenn man nach dem Strand schon nachmittags Hunger hat.

Die Brasilianer sind begeisterte Biertrinker: Anders als in Deutschland muss es eiskalt in kleinen Gläsern serviert werden, am liebsten in einem *boteco,* einer einfachen Bar. In den Bars ist es üblich, zum Trinken immer eine Kleinigkeit zu essen; die so genannten *petiscos* oder *tiragostos* gibt es zu jeder Tageszeit und bis spät in die Nacht. In den letzten Jahren hat sich der brasilianische Weinanbau modernisiert und produziert neben Rot- und Weißweinen guten Sekt.

EINKAUFEN

An was denken Sie bei Brasilien: an Sonne und Strand, an Kunsthandwerk, Essen und Trinken? In diesen Bereichen finden Sie auch die schönsten Kleinigkeiten. Um Öffnungszeiten müssen Sie sich wenig Gedanken machen: Shoppingcenter haben meist Mo–Sa 9–22 Uhr geöffnet, So meist ab Nachmittag. Supermärkte öffnen sieben Tage die Woche, teilweise sogar 24 Stunden. Oft gibt es am Abend auch irgendwo einen kleinen Markt.

BODY & SOUL

Wo haben Sie sich am besten entspannt? In einer Hängematte? Die sind im Nordosten zu bekommen, von der einfachen geknüpften bis zu schön gefärbten schweren Baumwollmatte. Ein tolles Geschenk ist Naturkosmetik aus Wurzeln, Hölzern und Früchten wie Cacau-Fußcreme, Maracuja-Öl, Paranuss-Shampoo oder Andiroba-Seife. Produkte der Firma *Natura* gibt es in den meisten Flughäfen.

KULINARISCHES

Das brasilianische Lebensgefühl fasziniert die meisten Reisenden. Deshalb gehört die Flasche Zuckerrohrschnaps für die Caipirinha zu den beliebtesten Souvenirs. Den einfachen *cachaça* gibt es für wenig Geld, die edleren, in Holzfässern gereiften Tropfen können jedoch teuer werden. Gut mitnehmen können Sie auch geröstete Cashewnüsse, wie sie häufig am Strand verkauft werden, und *cocada,* eine aus Kokosnuss und Zucker gemachte Süßigkeit.

KUNSTHANDWERK

Jede Region Brasiliens hat ihr besonderes Kunsthandwerk, ob es nun Tonarbeiten, Holzschnitzereien, Klöppelarbeiten, Web- und Flechtwaren oder naive Malerei sind. Die Kreativität der oft einfachen Künstler überrascht immer wieder – sei es in den detailreichen kleinen Bildern, dem aus alten Dosen gemachten Blechspielzeug oder den Szenen, die mit den Tonfiguren dargestellt werden. Im Amazonasgebiet kann man sehr schönen Indianerschmuck kaufen, Ketten und Armbänder, die aus farbigen Samen gemacht werden. Vorsicht jedoch beim Einkauf von Federschmuck, damit es keine Überraschungen bei der Einreise nach Deutschland gibt, da einige Federn aus Artenschutzgründen nicht eingeführt werden dürfen.

Brasilien zum Mitnehmen: zu Hause in der Hängematte bei brasilianischer Musik Caipirinha trinken ...

MUSIK

Musik und Tanz gehören zum Alltag der meisten Brasilianer. Jede Region hat ihre eigenen Musikstile und -traditionen, die wiederum in die moderne Musik eingehen. CDs mit brasilianischer Musik von Samba und Pagode, Funk- und Axé-Musik bis zu MPB und Country – das Spektrum ist riesig und in jedem Plattenladen zu finden. Wer nicht nur passiv hören möchte, sondern selbst Spaß an Instrumenten hat, der sollte in einen Laden mit Musikinstrumenten gehen: Hier gibt es *pandeiros* (Tamburine), Trommeln mit Leder- und Plastikfellen, *reco-recos,* die schnarrende Geräusche von sich geben, jammernde *quicas* und *agogôs,* die Doppelglocken, oder *berimbaus,* die Musikbögen mit Kalebasse, die bei der Capoeira zum Einsatz kommen. Wer sich an all die wunderbaren Percussioninstrumente nicht herantraut, der kauft einen Regenstock *(pau-de-chuva),* ein mit Muscheln oder Samen gefülltes hohles Holzstück.

STEINE

So bunt sich der Alltag präsentiert, so farbig sind auch die Steine, die aus der roten Erde geholt werden. Brasilien besitzt Edel- und Halbedelsteine in allen Farben: Aquamarine oder Smaragde, Turmaline und Topase, aber auch Amethystdrusen und Versteinerungen. Wer mehr investiert, sollte dies bei einem renommierten Juwelier wie H. Stern machen.

STRANDMODE

Bikinis gibt's in allen Farben, Kombinationen, Schnitten, Größen. Etwas Po sieht man immer, denn so große Hosen wie in Europa tragen hier nicht mal die Omas. Wem das zu frivol ist, der schlingt sich eine *kanga,* ein Strandtuch, um die Hüften. Zum perfekten Outfit gehören Gummi-Flipflops. Und wer zu Hause ins Sportstudio geht, wird die körperbetonten Tops und Leggins lieben, die auch in den Bademodenläden verkauft werden.

DIE PERFEKTE ROUTE

START IM NORDOSTEN

Wegen der großen Entfernungen sind Sie auf das Flugzeug angewiesen, kürzere Teilstrecken können auch mit dem Bus zurückgelegt werden. Starten Sie in Bahia, wo auch die Portugiesen zuerst an Land gingen, mit Tropenbarock in **①** *Olinda →* S. 60, dem schmucken Städtchen vor den Toren von Recife. Eine gute Flugstunde weiter südlich liegt **②** *Salvador →* S. 64 (Foto o.), die erste Hauptstadt Brasiliens. Nirgends spüren Sie das kulturelle Erbe Afrikas so wie hier. Salvador war der größte Sklavenhafen der Südhalbkugel. Die barocke Altstadt zeugt von den Reichtümern, die die Kolonie hergab. Als Goldfunde und der Aufstieg der Kaffeebarone das wirtschaftliche Gleichgewicht in den Südosten verschoben, wurde Rio de Janeiro die Hauptstadt Brasiliens.

UNTERM ZUCKERHUT

Knapp zwei Flugstunden sind es von Salvador nach **③** *Rio de Janeiro →* S. 36, einer der schönsten Städte der Welt. Einzigartig sind die geografischen Gegebenheiten der Guanabara-Bucht mit ihren schroffen, von dichter Vegetation bedeckten Felsen, an denen sich Buchten mit weißem Sandstrand formen. Das Lebensgefühl der Einwohner, der Cariocas, ist geprägt von Samba und Bossa Nova. Der Samba ist die Musik von den Berghängen Rio de Janeiros, der Bossa Nova die Musik der eleganten Strandviertel. Eines der gewaltigsten Naturschauspiele der Welt erleben Sie zwei Flugstunden weiter südlich: die Wasserfälle von **④** *Iguaçu →* S. 99. Den Panoramablick auf die Fälle haben Sie von Brasilien aus, im Nationalpark auf der argentinischen Seite kommen Sie dicht an die tosenden Gewässer heran.

METROPOLE & NATURPARADIES

Von Foz do Iguaçu geht es nach **⑤** *São Paulo →* S. 47 (Flugzeit 1,75 Std.). São Paulo ist eine Stadt der Superlative, das New York der Tropen, nur viel größer als das Vorbild in den USA. Rund 12 Mio. Menschen leben hier – ein Moloch voller Leben und Aktivität, ein Schmelztiegel der Kulturen. Restaurants und Theater, Kinos und Museen, Shows und Austellungen: Der Rhythmus der Stadt ist atemberaubend, aber faszinierend. Nach so viel Asphaltdschungel finden Sie Ruhe im *Pantanal,* einem Naturparadies, ca. 2,5 Flugstunden westlich. Brasilien wurde von der Küste her kolonialisiert, der Westen war schwer zugänglich. Noch im 20. Jh. wurde hier gegen Indianer gekämpft. **⑥** *Cuiabá →* S. 93 ist heute eine moderne

Erleben Sie die vielfältigen Facetten Brasiliens vom Nordosten über die Metropolen im Süden bis ins Pantanal und zum Amazonas

Stadt, Zentrum des prosperierenden Agrobusiness', aber auch Station auf dem Weg ins Pantanal. Hier bleiben Sie auf einer der Farmen, die Besucher aufnehmen, und kommen Ameisenbären, Hyazinth-Aras oder sogar einem Jaguar ganz nah.

PLANVERFAHREN & GRÜNE LUNGE

Der Gegensatz, der nun folgt, könnte kaum größer sein. Zurück aus der Wildnis geht es in die Stadt, die auf dem Reissbrett entwickelt wurde: **7** *Brasília* → S. 84 (Foto u.). Der kühne Plan von Organisation und Ästhetik wurde im geografischen Zentrum des Landes umgesetzt. Die neue Hauptstadt sollte auch der gewaltigen Dimensionen Herr werden. 1,5 Stunden Flug sind es von Cuiabá hierher, gute drei Stunden von hier ins Amazonasgebiet, das bei einem Brasilien-Besuch nicht fehlen darf. Im Zentrum des Regenwaldgebiets liegt **8** *Manaus* → S. 79. Die Stadt am Amazonas ist nicht hübsch, versprüht aber den morbiden Charme der Pionierzeiten, als Glücksritter, Forscher und Abenteurer von hier aus in die Tiefen des Regenwalds vorzudringen versuchten. Auch heute können Sie von Manaus aus Schiffstouren auf dem Amazonas unternehmen oder eine der auf Touristen eingestellten Urwaldlodges besuchen.

**Reine Flugzeit ca. 15 Stunden
Empfohlene Reisedauer: zwei Wochen
Brazil Airpass für Inlandsflüge siehe S. 124
Detaillierter Routenverlauf auf dem
hinteren Umschlag, im Reiseatlas sowie
in der Faltkarte**

DER SÜDOSTEN

Der Südosten Brasiliens, das sind die beiden gegensätzlichen Millionenstädte Rio de Janeiro und São Paulo und deren atemberaubend schönes Um- und Hinterland: bizarr geformte Berge, wuchernder Urwald, kleine Buchten, aber auch die karge Bergregion Minas Gerais mit Belo Horizonte als Hauptstadt.

„Um Rio darzustellen, müsste man eigentlich ein Maler sein, um São Paulo zu schildern, ein Statistiker oder Nationalökonom. Man müsste Zahlen türmen und vergleichen, Tabellen nachzeichnen und versuchen, Wachstum in Worten sichtbar zu machen", schrieb Stefan Zweig in den 1930er-Jahren. Bis heute ist Rio die Stadt der Lebenskünstler, während in São Paulo gearbeitet wird – zumindest auf den ersten Eindruck.

BELO HORIZONTE

(139 E2) (*H5*) Belo Horizonte (2,4 Mio. Ew.) hat sich von einem langweiligen Geschäftszentrum zur lebhaften Hauptstadt des an Bodenschätzen reichen Bundeslandes Minas Gerais entwickelt.

Historische Gebäude wurden restauriert, Museen und Kulturzentren eingerichtet, und in den noblen Stadtvierteln eröffneten zahlreiche ausgezeichnete Restaurants. Belo Horizonte ist ein guter Ausgangspunkt für Besuche der Barockstädte von Minas Gerais (s. Kapitel „Ausflüge & Touren").

Bild: Rio de Janeiro, Zentrum

Die Schöne und die Geschäftige, ein starkes Doppel: Rio de Janeiro und São Paulo – dazu die Berge von Minas Gerais im Hinterland

COMPLEXO ARQUITETÔNICO DE PAMPULHA

Das „schönste Stadtviertel des Landes" sollte Oscar Niemeyer bauen. Bis heute beeindrucken die markanten Gebäude aus den 1940er-Jahren rund um die künstlich angelegte Lagune, besonders die Bögen der Kirche *São Francisco de Assis* mit den blauen Kacheln des brasilianischen Modernisten Cândido Portinari *(Di–Sa 9–17, So 12–17 Uhr | 2,20 R$ | Av. Otacílio Negrão de Lima, 3000).* Am besten fahren Sie mit dem Taxi einmal um die Lagoa da Pampulha. In der Nähe liegt das imposante Fußballstadion *Mineirão,* das für die WM renoviert wurde.

MUSEU DE ARTES E OFÍCIOS

Im neoklassizistischen Gebäude des ehemaligen Hauptbahnhofs staunen Sie über den Reichtum regionaler Handwerkstradition, während draußen die Züge vorbeirattern. *Di–Fr 12–19, Sa/So 11–17 Uhr | 4 R$ | Praça Ruy Barbosa*

PRAÇA DA LIBERDADE

Nach Renovierung und Unterbringung verschiedener Museen in den prächtigen Gebäuden der Praça da Liberdade, dem ehemaligen politischen Machtzentrum, ist hier ein kulturelles Zentrum entstanden. Im neuen, von der Stiftung des vom Büfett. *So-Abend geschl. | Tel. 031 32 27 05 62 | R. Padre Onórico, 38 | São Pedro | €*

XAPURI

Die Gäste sitzen an langen Holztischen im Grünen. Probieren Sie das Beste, was

Kunst im Garten präsentiert das Instituto Inhotim bei Belo Horizonte

Bergbauunternehmens Vale finanzierten *Memorial Minas Gerais* lernen Sie viel über Leben und Kultur des Bundesstaates. *Di–So 10–18 Uhr | Eintritt frei | Praça da Liberdade | Savassi*

ESSEN & TRINKEN

Die meisten Restaurants haben sonntagabends geschlossen. Dann geht man traditionell Pizza essen, z. B. im *Marília (tgl., nur abends | Tel. 031 32 57 20 27 | R. Marília de Dirceu, 189 | Lourdes | €–€€).*

DONA LUCINHA

In dem sympathischen Restaurant gibt's Köstlichkeiten der Minas-Küche die Küche von Minas Gerais zu bieten hat, z.B. in Sirup geröstetes Schweinekarrée mit Maniokpüree oder mit Huhn gefüllter Kürbis. Das Restaurant liegt auf dem Gelände einer Fazenda, nicht weit von der Lagoa da Pampulha. Am Wochenende reservieren! *So-Abend und Mo geschl. | Tel. 031 34 96 61 98 | R. Mandacaru, 260 | Braúnas/Pampulha | €€*

EINKAUFEN

MERCADO CENTRAL

An den 450 Marktständen finden Sie Käse, feine Zuckerrohrschnäpse, hausgemachte Kompotte – all das, wofür Minas Gerais berühmt ist. Im zweiten Stock residiert eines der beliebtesten Botecos der Stadt, die *Casa Cheia,* das „volle Haus". *Mo–Sa 7–18, So 7–13 Uhr*

Lage und Preis überzeugen. *208 Zi. | Av. do Contorno, 6180 | Savassi | Tel 0800 707 70 00 | www.ibis.com.br | €–€€*

AM ABEND

Belo Horizonte ist bekannt für die gute Küche seiner *botecos,* der einfachen Bars, in denen es zu kaltem Bier und Zucker-rohrschnaps leckere Kleinigkeiten – so-genannte *tira-gostos* oder *petiscos* – gibt.

AUSKUNFT

BELOTOUR

Die städtische Tourismusbehörde hat Nebenstellen z. B. an den Flughäfen und im Mercado Central. Hauptstelle: *R. Per-nambuco, 284 | Centro | Mo–Fr 8–18 Uhr | www.belohorizonte.mg.gov.br*

ÜBERNACHTEN

CLARION LOURDES

Großzügige, gepflegte Zimmer, ein auf-merksamer und freundlicher Service so-wie die Fußnähe zu den Bars und Restau-rants im noblen Statteil Lourdes sind die Pluspunkte. *95 Zi. | Bernardo Guimarães, 2083 | Lourdes | Tel. 0800 55 58 55 | www.atlanticahotels.com.br | €€*

IBIS

Das neue Hotel liegt im belebten Vier-tel Savassi nahe der Praça Liberdade.

ZIEL IN DER UMGEBUNG

INSIDER TIPP ▶ INSTITUTO INHOTIM
(139 E2–3) (*ᗰ* H5–6)

Die Sammlung zeitgenössischer Kunst des brasilianischen Magnaten Bernardo Paz wird in einem riesigen botanischen Garten in Brumadinho präsentiert. Skulp-turen, Installationen, Videos und Fotos. Ein Tag ist knapp bemessen für das Open-Air-Museum mit Werken von über 100 Künstlern aus aller Welt. Im Park gibt es mehrere hervorragende Restaurants. *Di–*

★ **Corcovado**
Christus breitet an der Guanabara-Bucht seine Arme über Rio aus
→ S. 36

★ **Santa Teresa**
Bohemiens und Nachtschwärmer in Rio Antigo → S. 37

★ **Zuckerhut**
Wenn in Rio die Sonne untergeht, ist der Blick auf den Kegel am schönsten
→ S. 39

★ **Copacabana**
Rios Vorzeige-Beach: der vielleicht berühmteste Strand der Welt → S. 39

★ **Confeitaria Colombo**
Belle Époque in Brasilien: Rios pracht-volles Kaffehaus → S. 40

★ **Parque do Ibirapuera**
Treffpunkt der Jogger und kulturelles Herz von São Paulo → S. 48

★ **Pinacoteca do Estado de São Paulo**
Brasilianische Kunst vom Feinsten
→ S. 48

★ **Shopping Iguatemi**
Auf Eleganz und Luxus treffen Sie in den Einkaufstempeln von São Paulo
→ S. 50

MARCO POLO HIGHLIGHTS

Fr 9.30–16.30, Sa/So 9.30–17.30 Uhr | 18 R$ | www.inhotim.org.br | 63 km entfernt, Bus nach Brumadinho ab Rodoviária

RIO DE JANEIRO

❋❋❋ KARTE IM HINTEREN UMSCHLAG

(143 E3) *(∅ H6)* **Rio, eine der schönsten Städte der Welt, ist begünstigt von der Natur wie kaum eine andere: die schroffen Kegel der Berge, deren Hänge mit Urwald bewachsen sind, die Bucht mit verstreuten Inseln, die Wellen, die sich an den Sandstränden brechen, und über allem das Blau des Himmels.** Zur Schönheit des Ortes kommt die Sinnlichkeit der Menschen, der Körperkult, den sie betreiben – ein tägliches Schauspiel an den Stränden. Die *cidade maravilhosa* ist die Stadt der schönen Aus- und Ansichten, die sich am besten zu Fuß erschließen. Trotz ihrer rund 6 Mio. Einwohner – im Großraum Rio sind es über 11 Mio. – bewegen sich Besucher in einem überschaubaren Gebiet zwischen dem Zentrum mit seinen historischen Bauten und der *Zona Sul* mit ihren Stränden. Lassen Sie sich ein auf den Rhythmus der Stadt und ihrer lässigen Einwohner, der *cariocas*, und lassen Sie Ihre Wertsachen zu Hause.

Fast 200 Jahre (1763–1960) war Rio de Janeiro die Hauptstadt Brasiliens und ab 1808 Zentrum des portugiesischen Kolonialreichs. Damals flüchtete Dom João VI. mit Hofstaat vor Napoleon nach Brasilien. Außer den Regierungsgebäuden und Wohnpalästen wurden Theater und Bibliotheken gebaut, der Botanische Garten angelegt und die Banco do Brasil gegründet. Sein Sohn Dom Pedro I. erklärte 1822 die Unabhängigkeit Brasiliens. Rio de Janeiro wurde zur prosperierenden Kaiserstadt mit Bahnhöfen und Straßenbahnen, Straßenbeleuchtung und Schulen. Als 1889, ein Jahr nach Abschaffung der Sklaverei, die Republik ausgerufen wurde, hatte Rio 500 000 Einwohner. 20 Jahre später hatte sich diese Zahl verdoppelt. Eine Ursache dafür war der Zuzug mittelloser Menschen aus dem Nordosten, die sich auf den schwer zugänglichen Hügeln ansiedelten, die sie *favelas* nannten. Ihre Musik und Kultur brachten sie mit – daraus wurde die Heimat der Sambaschulen.

🔳 WOHIN ZUERST?

Corcovado: Verschaffen Sie sich einen ersten Überblick von der Aussichtsterasse zu Füßen der Christusstatue. Fahren Sie per Bus oder Metro zum Largo do Machado. Hier nehmen Sie den Bus Nr. 422 oder 498 und steigen an der Kirche São Judas Tadeu aus, wenige Meter von der Station der Zahnradbahn an der Rua Cosme Velho entfernt.

SEHENSWERTES

CIDADE DO SAMBA (O) *(∅ O)*
In den Hallen in Hafennähe sind die wichtigsten Sambaschulen untergebracht. Hier können Besucher zuschauen, wie die Allegoriewagen gebaut und die Karnevalskostüme geschneidert werden. Nach dem Wiederaufbau der durch ein Feuer zerstörten Hallen sind die Besuchszeiten vorläufig eingeschränkt. Erkundigen Sie sich vorher nach Programm und Öffnungszeiten! *R. Rivadávia Corrêa, 60 | Centro | www.cidadedosambarj.com.br*

CORCOVADO ⭐ 🌿 (O) *(∅ O)*
Dort, wo Christus seine Arme über Rio de Janeiro ausbreitet, hat man den wohl

schönsten Blick über die Guanabara-Bucht. 710 m über dem Meeresspiegel zu Füßen der 30 m hohen Art-déco-Statue sieht man Rio de Janeiro in seiner gesamten Ausdehnung. Zur Linken liegen das Zentrum und die Vorstädte, zur Rechten die Zona Sul und Barra und in Blickrichtung des Christus erhebt sich der Zuckerhut. Von Cosme Velho geht's mit der Zahnradbahn über 3 km bis zum Gipfel. *Tgl. 8.30–18.30 Uhr, alle 30 Min. | 43 R$ | R. Cosme Velho, 513 | Tel. 021 25 58 13 29 | www.corcovado.com.br*

JARDIM BOTÂNICO (O) (🗺 O)

Über 6000 tropische Pflanzen- und 150 Vogelarten sind in dem von Dom João angelegten botanischen Garten zu finden. Besonders schön sind die 30 m hohe Königspalmenallee, der See mit den herrlichen Amazonas-Seerosen (Vitória Régia) und das Orchideen- und Bromelienhaus. *Tgl. 8–17 Uhr | 5 R$ | kostenlose Führungen in Engl. und Span. Mo–Fr | R. Jardim Botânico, 1008 | www.jbrj.gov.br*

SANTA TERESA ⭐ (U D6) (🗺 d6)

Bis zu einem tragischen Unfall im August 2011 fuhr das *bondinho,* die klapprige Straßenbahn, vom Stadtzentrum an der Niemeyer-Kathedrale vorbei über den Viadukt Arcos da Lapa ins Künstlerviertel Santa Teresa. Rund um den Largo dos Guimarães liegen Kunsthandwerksläden, Galerien und Boutiquen. Im *Armazém São Thiago (R. Áurea, 26)* – die Anwohner kennen den Ex-Krämerladen als *Bar do Gomez* – ist das *chopp* (Bier) immer eiskalt. Leckeren Fisch und Meeresfrüchte gibt es im *Sobrenatural (R. Alm. Alexandrino, 432 | €€)* und Nordostküche in der *Bar do Arnaudo (R. Alm. Alexandrino, 316 | €).* Im **INSIDER TIPP** ▶ *Museu Chácara do Céu* können Sie u.a. Stiche Reisender des 19. Jhs. sehen (*Mi–So 12–17 Uhr | 2 R$ | R Murtinho Nobre, 93 | www.*

museuscastromaya.com.br). Genießen Sie den tollen Blick aus dem 🌿 *Parque das Ruínas* nebenan. Einen noch besseren Blick haben Sie vom ● 🌿 *Mirante Dona Marta.* Gehen Sie dazu durch Santa Teresa die Rua Almirante Alexandrino immer weiter hinauf bis zur Straße, die zur Christus-Statue führt. An der Estrada das Paineiras gibt es dann ein Schild, das den Abzweiger zur Aussichtsplattform anzeigt. Hier haben Sie den Christus im Rücken,

Christusstatue auf dem Corcovado

den Zuckerhut vor der Nase, die Stadt mit dem Maracanã-Stadion zum Greifen nah. Zum Abstieg aus Santa Teresa: Die 250 Stufen der mit farbigen Kacheln gepflasterten Treppe führen von Santa Teresa nach Lapa zur Rua Joaquim Silva. Stärken Sie sich in der altertümlichen *Adega*

der Pariser Oper inspirierte *Theatro Municipal*. Die *Igreja São Francisco da Penitência* mit ihrem prunkvoll vergoldeten Barockaltar *(Di–Fr 9–12, 13–16 Uhr)* liegt etwas versetzt am Largo da Carioca. Einen Eindruck von jenem Rio vor den stadtplanerischen Eingriffen zu Beginn

Nicht nur für Bücherfreunde eine Offenbarung: der prachtvolle Saal der Nationalbibliothek

Flor de Coimbra von 1938 *(So-Abend geschl. | R. Teotônio Regadas, 34 | Lapa | Tel. 021 22 24 91 38 | €)*, bevor Sie sich ins Nachtleben von Lapa stürzen.

ZENTRUM

Die *Avenida Rio Branco* (U D3–E5) *(ⅢⅢ d3–e5)* verläuft von der Enseada da Glória Richtung Norden bis zur Praça Mauá. Entlang dieser Prachtstraße liegen die *Nationalbibliothek (Av. Rio Branco, 219)*, das mit der Kunstsammlung des portugiesischen Hofes begonnene Kunstmuseum *Museu Nacional de Belas Artes (Di–Fr 10–18, Sa/So 12–17 Uhr | 5 R$ | Av. Rio Branco, 99)* und auf der gegenüberliegenden Seite das von

des 20. Jhs. bekommt man in den verwinkelten Straßen nördlich der Praça XV. **INSIDER TIPP** Nach Büroschluss werden hier Tische auf die Straße gestellt, und die Cariocas treffen sich zu After-Work-Partys mit Bier und Samba, wie in der *Travessa do Comércio* oder im *Beco das Sardinhas (R. Miguel Couto)*. Der weiße Palast *Paço Imperial* an der Praça XV. wurde mit Ankunft des portugiesischen Königshauses zum Regierungssitz. Hier liegt auch die Kirche *Nossa Senhora do Carmo da Antiga Sé* von 1761, in der die Kaiser Brasiliens gekrönt wurden *(Mo–Fr 7–16 Uhr | R. 7 de Setembro, 12)*. Nahe der Praca Mauá tauchen Sie in der zum Benediktinerkloster *Mosteiro de São Ben-*

to gehörenden Barockkirche (Baubeginn 1590) ein in den portugiesischen Geist vergangener Jahrhunderte. So um 10 Uhr Messe mit gregorianischen Gesängen (*tgl. 7–18 Uhr | R. Dom Gerardo, 68*).

ZUCKERHUT ★ ☀ (O) (📖 O)

Der 396 m hohe Granitkegel des *Pão de Açúcar*, der an der Öffnung der Guanabara-Bucht aus dem Wasser ragt, ist das Wahrzeichen der Stadt. Der Blick von hier oben auf die Bucht und die Strände ist besonders schön, wenn die Sonne untergeht und die Lichter der Stadt zu funkeln beginnen. Von der Praia Vermelha geht es mit der ersten Seilbahn auf den 220 m hohen *Morro da Urca* und von dort mit der zweiten Seilbahn auf den Zuckerhut. *Tgl. 8–19.50 Uhr | 53 R$ | Av. Pasteur, 520 | Urca | www.bondinho.com.br*

STRÄNDE

Die der Bucht zugewandten *Praias de Flamengo, de Botafogo* und *Vermelha* sind leider ziemlich verschmutzt, an den zum Atlantik geöffneten Stränden kann man schöner baden. Ab *Leme (Posto 1)* beginnt die Markierung der Strandabschnitte, die jeder einen eigenen Charakter haben. Familiär-ruhig ist es am Posto 1, wo *Vitor & Vaguinho* eine Strandbar betreiben. Wer Interesse hat, kann mit ihnen einen Rundgang durch die nahe Favela *Chapeu Mangueira* und das ☺Wiederaufforstungsprojekt dort vereinbaren (inkl. Feijoada und Caipirinha). Der berühmte Strand von ★ ● *Copacabana* hat eine starke Brandung und einen breiten Sandstreifen, der besonders gern von Touristen und flirtbereiten Mädchen besucht wird. Unterhalb des Forts liegen Fischerboote, Rentner treffen sich am *Posto 6* zum Schachspielen. Um die Ecke liegt die *Praia do Arpoador,* wo Sie den Sonnenuntergang hinter den Felsen der

Dois Irmãos am Ende von Leblon beobachten können. Am *Posto 9* in ● *Ipanema* treffen sich die Jungen und Schönen, am liebsten bei **INSIDER TIPP** *Milton*, und in *Leblon* verabreden sich die Familien am Baby-Point. An der *Praia de São Conrado* landen die Drachenflieger, und danach beginnt die *Praia da Barra,* ein kilometerlanger Sandstrand, in dessen Hinterland ein moderner Stadtteil entstanden ist.

ESSEN & TRINKEN

ACADEMIA DA CACHAÇA (O) (📖 O)

Über 100 Sorten Zuckerrohrschnaps und die besten Caipirinhas der Stadt. *Tgl. ab 12 Uhr | R. Conde de Bernadotte, 26 | Leblon | Tel. 021 25 29 26 80*

ADEGA PEROLA (U B2) (📖 b2)

Der Stolz der portugiesischstämmigen Besitzer der Tapasbar sind die Köstlichkeiten, die im Glastresen ausgestellt sind. *So geschl. | R. Siqueira Campos, 138 A | Copacabana | Tel. 021 22 55 94 25 | €–€€*

ALBAMAR (U F3) (📖 f3)

Das Eisengerüst für den Turm des traditionsreichen Fischrestaurants wurde Anfang des 20. Jhs. aus Europa importiert. *Tgl. 12–17 Uhr | Praça Mal. Ancora, 184 | Centro | Tel. 021 22 40 84 28 | €€*

INSIDER TIPP ▶ AZUMI (U D1) (📖 d1)

Gutes japanisches Restaurant in Copacabana: ohne Schnörkel bei Deko und Essen, dafür mit fairen Preisen. Hierher kommen auch Japaner. *Mo geschl., nur abends | R. Min. Viveiros de Castro, 127 | Copacabana | Tel. 021 25 41 42 94 | €€*

BAR LAGOA ☀ (O) (📖 O)

Das beste Chopp Rios, schöner Blick auf die Lagune; auf der Karte stehen u.a. Kasseler und Tartar. *Mo geschl. | Av. Epit. Pessoa, 1674 | Lagoa | Tel. 021 25 23 11 35 | €€*

Kaffeehaus mit Stil:
Confeitaria Colombo

BAR LUIZ (U D4) (*map* d4)

Die Zeit scheint stehen geblieben in der Bar von 1881, die seit 80 Jahren an dieser Adresse existiert und berühmt für ihren Kartoffelsalat und das dunkle Bier vom Fass ist. *So geschl. | R. da Carioca, 39 | Centro | Tel. 021 22 62 60 00 | €–€€*

BAR DO MINEIRO ● (0) (*map* 0)

Ein typisches Boteco mit gekachelten Wänden, alten Fotos und einem großen Tresen. Die Feijoada ist stadtbekannt. *Mo geschl. | R. Paschoal Carlos Magno, 99 | Santa Tereza | Tel. 021 22 21 92 27 | €*

INSIDER TIPP ▶ BAR E RESTAURANTE URCA ⚓ (0) (*map* 0)

Am Wochenende bekommen die Kunden gebratene Sardinen auf dem gegenüberliegenden Mäuerchen serviert. Wer richtig essen möchte, besucht das Restaurant im ersten Stock. *Tgl. | R. Cândido Gaffrée, 205 | Urca | Tel. 021 22 95 87 44 | €–€€*

BIBI SUCOS (U A4) (*map* a4)

Der „Saftladen" Rios: Hier haben Sie Wahl unter rund 50 verschiedenen Saftkombinationen und Sandwiches. *Mehrere Filialen in der Zona Sul, z.B. R. Miguel Lemos, 31 | Copacabana | €*

INSIDER TIPP ▶ CERVANTES (U D1) (*map* d1)

Hier essen Sie die besten Sandwiches der Stadt im Stehen: Rinder- oder Schweinefilet mit Ananas auf Brötchen. *Mo geschl. | Av. Prado Júnior, 335 | Copacabana | Tel. 021 22 75 61 47 | €*

CONFEITARIA COLOMBO ★ ●
(U D4) (*map* d4)

Rios Belle Époque wird lebendig in der prachtvollen Confeitaria Colombo von 1894 mit ihren gewaltigen Spiegeln, den Jugendstillampen und den Kaffeehaustischen. *So geschl. | R. Gonçalves Dias, 32/36 | Centro | €€*

INSIDER TIPP ▶ **FILÉ DE OURO** (O) (*[] O*)

Hier gibt es den Klassiker *Filé Osvaldo Aranha:* Rinderfilet mit geröstetem Knoblauch und Kartoffelchips. *Mo geschl. | R. Jd. Botânico, 731 | Lapa | Tel. 021 22 59 23 96 | €€*

NOVA CAPELA (U C5) (*[] c5*)

Das Traditionsrestaurant in Lapa hat bis spät in die Nacht geöffnet. Spezialität ist Zicklein mit Brokkolireis. *Tgl. | Av. Mem de Sá, 96 | Lapa | Tel. 021 22 52 62 28 | €*

PORCÃO RIO'S 🔆 (U E6) (*[] e6*)

Das beste Rodízio von Rio mit tollem Blick auf den Zuckerhut und die Bucht, am besten zum späten Mittagessen. *Tgl. | Av. Infante D. Henrique, s/n | Parque do Flamengo | Tel. 33 89 89 89 | €€€*

ZAZÁ BISTRÔ TROPICAL (O) (*[] O*)

Leichte Küche in tropisch-alternativem Ambiente. *Tgl., nur abends | R. J. Angélica, 40 | Ipanema | Tel. 021 22 47 91 01 | €€€*

EINKAUFEN

Schick bummeln Sie in Ipanema *(Rua Visconde de Pirajá, Rua Garcia d'Avila)* und Leblon *(Rua Dias Ferreira)*, wo die meisten brasilianischen Topmarken eine Filiale haben, wie z.B. der Läden für Strandmode *Bum Bum Ipanema* oder *Blue Man.* Die meisten Shoppingcenter öffnen auch am Sonntag. Zentral liegt das betagte *Riosul* im Stadtteil Botafogo *(R. Lauro Sodré, 446)* schöner sind *Shopping Leblon (Av. Afrânio de Melo Franco, 290)* oder *Rio Design Leblon (Av. Ataulfo de Paiva, 270)* im gleichnamigen Stadtteil. Im Stadtteil Saara tummeln sich die Menschen, um Schnäppchen zu ergattern. Samstags sind die Läden nur bis 14 Uhr geöffnet. Jeden ersten Samstag im Monat gibt es den **INSIDER TIPP** ▶ Flohmarkt *Rio Antigo* in der Rua do Lavradio im Stadtteil Lapa:

Antiquitäten, Mode, Musik – die Restaurants stellen Tische auf die Straße, an mehreren Stellen spielen Musikgruppen.

BABILÔNIA FEIRA HYPE (O) (*[] O*)

Flohmarkt für Deko, Accessoires und Alternativmode, begleitet von Shows. *Alle 14 Tage Sa/So 14–22 Uhr | Jockey Club Tribuna C | www.babiloniafeirahype.com.br*

H. STERN (O) (*[] O*)

Aquamarin, Topas, Turmalin, Smaragd, Rubin, Diamant – in Gold gefasst: Damit verbindet sich der Name H. Stern. Firmengründer Hans Stern flüchtete 1939 aus Deutschland nach Brasilien. In der Zentrale können Sie die Verarbeitung der Steine beobachten und ein Edelsteinmuseum besuchen. *Transfer vom Hotel frei | R. Garcia d'Ávila, 113 | Ipanema | www. hstern.com.br*

FREIZEIT & SPORT

BEACHVOLLEYBALL

Überall an Rios Stränden wird Volleyball oder *futevolley,* eine Mischung aus Fuß- und Volleyball, gespielt. Wer mitmachen möchte, fragt bei einem der Trainer, die ihre Schilder aufgestellt haben, nach.

BEAUTY ●

Der vielleicht edelste Beautysalon Brasiliens residiert in Ipanema: *Care Body & Soul* ist eine wahre Wohlfühloase – was aber auch seinen Preis hat. *Barrão de Jaguaribe, 289 | Ipanema | Tel. 021 38 13 05 60 | www.crystalcare.com.br*

FUSSBALL

Ein Fußballspiel im Maracanã-Stadion (95 000 Plätze) ist ein unvergessliches Erlebnis. Die Fanclubs bevölkern bereits Stunden vor dem Anpfiff die Tribünen und trommeln sich in Fahrt. Hier soll das Endspiel der WM 2014 ausgetragen

Man kann den Zuckerhut auch zu Fuß erklimmen, aber mit der Seilbahn geht's schneller

werden. Die Tickets bekommt man am Schalter *(30–70 R$)*, falls ausverkauft ist, mit einem Aufschlag bei einem *cambista*, einem ambulanten Kartenverkäufer. Die U-Bahn hält direkt vor der Tür, Station Maracanã. *R. Prof. Eurico Rabelo, s/n*

KLETTERN

Das erste Ziel ist meist der Zuckerhut, dann der Corcovado: Beides ist grandios, mit atemberaubenden Ausblicken. Über 100 Wege führen nach oben, die einfachsten schaffen auch normal Sportliche ohne Klettererfahrung (mit Bergführer). Touren buchen Sie über die *Companhia da Escalada (Tel 021 25 67 71 05 | www. companhiadaescalada.com.br)* oder bei *Rio Adventures (Tel. 021 27 05 57 47 | www.rioadventures.com)*.

PARAGLIDING

Von der Rampe des Pedra Bonito schwebt man bei einem 15-minütigen Tandemflug sanft Richtung Strand im Stadtteil São Conrado hinab, z. B. mit Konrad Heilmann *(125 US$ | Tel. 021 24 22 24 11 | www.airadventures.net)* oder Paulo Celani *(Tel. 021 22 68 05 65 | www. justfly.com.br)*.

TANZEN

Samba kann man lernen in der schön altertümlichen *Casa de Dança* des Tanzlehrers Carlinhos de Jesus. *R. Alvaro Ramos, 11 | Botafogo | Tel. 021 25 41 61 86 | www. carlinhosdejesus.com.br*

AM ABEND

Circo Voador in Lapa, *Canecão* in Botafogo und *Vivo Rio* im Zentrum sind die wichtigsten Show-Locations für Samba, Pagode und Chorinho. Wer keine Livemusik will, geht ins *boteco,* die Eckkneipe. Der Boom im Bohemeviertel Lapa hält an, dazugekommen sind die Bars und Clubs im Zentrum und der Hafengegend. www.lanalapa.com.br | www.samba-choro.com.br

INSIDER TIPP CARIOCA DA GEMA
(U C5) (ⅉ c5)

In diesem zweistöckigen Kolonialhaus werden jede nacht Samba und Choro gespielt. *Tgl. ab 19 Uhr | Av. Mem de Sá, 79 | Lapa | Tel. 021 22 21 00 43*

INSIDER TIPP COMUNA DO SEMENTE
(U D6) (ⅉ d6)

An den Arcos da Lapa liegt diese gemütliche Kneipe, in der Samba und Choro vom Feinsten gespielt wird. *Tgl. ab 20 Uhr | R. Joaquim Silva, 138 | Lapa | Tel. 021 25 09 35 91*

ESTUDANTINA (U C4) (ⅉ c4)

Auch wenn Sie nicht das Tanzbein schwingen wollen, gibt es viel zu hören und zu sehen in Rios ältestem Gafieira-Tanzschuppen mit Live-Orchester. *Mi–Sa ab 22 Uhr | Praça Tiradentes, 79 | Centro | Tel. 021 22 32 11 49*

FEIRA DE SÃO CRISTÓVÃO (O) (ⅉ O)

Der Markt der Nordestinos hat ein gepflegteres Outfit bekommen, aber seinen alten Charme behalten: Die Stände mit Waren aus dem Nordosten und die Grillrestaurants liegen jetzt in einem offenen Stadion. Auf den Bühnen spielen Forrógruppen bis in den frühen Morgen. *Fr 10–So 22 Uhr | Pavilhão de São Cristóvão*

INSIDER TIPP MANGUE SECO CACHAÇARIA (U C5) (ⅉ c5)

Über 100 Sorten feinsten Zuckerrohrschnapses, leckere Gerichte auf der Basis von Fisch und Meeresfrüchten und ein ausgesuchtes Livemusikprogramm sorgen für gute Laune. *R. do Lavrádio, 23 | Lapa | Tel. 021 38 52 19 47*

RIO SCENARIUM (U C5) (ⅉ c5)

Die „Kulturfabrik" mit Antiquitäten und vielfältigem Livemusikprogramm ist eine Institution in Lapa. *R. do Lavrádio, 36 | Lapa | Tel. 021 31 47 90 00*

SAMBA DA OUVIDOR ● (U E3) (ⅉ e3)

Eine der besten Samba-Rodas der Stadt gibt es an jedem ersten und dritten Samstag (ab ca. 16 Uhr) an der Ecke Rua do Mercado und Rua do Ouvidor im Zentrum. Ab 16 Uhr stehen die Tische auf der Straße, Essen und Getränke bekommt man in den umliegenden Bars, Reper-

LOW BUDG€T

▶ Die billigsten Unterkünfte gibt's in den Favelas. Besonders bei Ausländern beliebt sind *Favela Hostels* (in sozial unproblematischen Favelas) wie *The Maze Inn* des britischen Journalisten Bob Nadkarni, der seine Gäste mit dem Leben in der Favela Tavares Bastos vertraut macht. *8 Zi. | R. Tavares Bastos, 414 | Catete | Tel. 021 25 58 55 47 | www.jazzrio.com*

▶ In einer typischen Wohngegend Ipanemas liegt die familiäre *Margaridas Pousada.* Die Zimmer sind einfach, der Service ist gut – der Preis unschlagbar. *11 Zi. | R. Barão da Torre, 600 | Ipanema | Tel. 021 22 39 18 40 | www.margaridaspousada.com*

▶ Ein Tipp für São Paulo: Die Zimmer in *Formule 1 Hotels* sind klein, aber die Lage ist zentral und der Preis sensationell günstig. *Formule 1 Hotels* gibt es in Jardins, Consolação, Paraíso, Brooklin und Centro. *www.formule1.com.br*

toire und Qualität der Musiker sind vom Feinsten.

INSIDER TIPP ▶ **TRAPICHE GAMBOA** (O) (*∅ O*)

Das blaue Kolonialhaus in Hafennähe ist der Treff der Sambakenner: Bier, *cacha-*

Nur wenige Blocks vom Strand entfernt wird es günstiger.

ACAPULCO COPACABANA (U E1) (*∅ e1*)

Hübsche Zimmer in ruhiger Lage, nur wenige Schritte zur Strandpromenade von Copacabana. *122 Zi. | R. G. Sampaio, 854 |*

Liveauftritt in der Sambakneipe Trapiche Gamboa

ça und gutes Essen. *R. Sacadura Cabral, 155 | Gamboa | Tel. 021 25 16 08 68*

TRIBOZ (U D6) (*∅ d6*)

Jazz und moderne Musik im Bohemeviertel Lapa. In dem brasilianisch-australischen Kulturzentrum treffen sich Musiker, Künstler und Intellektuelle zu Konzerten und Workshops. *R. Conde de Lages, 19 | Lapa | Tel. 021 22 10 03 66*

ÜBERNACHTEN

Übernachten in Rio ist leider ein ziemlich teures Vergnügen. Sie müssen sich entscheiden: Fußnähe zum Strand bieten die großen (und teuren) Hotels der Zona Sul, charmante Unterkünfte für jeden Geldbeutel gibt es im Künstlerviertel Santa Teresa in der Nähe des Zentrums.

Praia do Leme | Tel. 021 30 77 20 00 | www. acapulcohotel.com.br | €€

ARENA HOTEL COPACABANA ☼ (U C2) (*∅ c2*)

Das relativ neue Hotel liegt in der Mitte des Strandes von Copacabana. Angenehme Zimmer, großes Frühstücksbüfett, Panoramablick vom Pool. *135 Zi. | Av. Atlântica, 2064 | Tel. 021 30 34 15 01 | www. arenahotel.com.br |* €€–€€€

CASA COOL BEANS (O) (*∅ O*)

Schön restauriertes Kolonialhaus inmitten des alten Bohemeviertels Santa Teresa mit Schwimmbad. Sympathische Gastgeber und super Service. *9 Zi. | R. Laurinda Santos Lobo, 136 | Santa Teresa | Tel. 021 22 62 05 52 | www.casacoolbeans. com |* €–€€

CASA KAMAYURÁ (O) (*m O*)
Versteckt gelegenes Gästehaus eines deutschen Journalisten in Santa Teresa. Vom Gastgeber erfährt man viel Wissenswertes über den Alltag in Rio. *4 Zi. | R. Almirante Alexandrino, 2719 | Santa Teresa | Tel. 021 32 58 89 10 | www.casa kamayura.com | €*

MAJESTIC RIO PALACE
(U A–B3) (*m a–b3*)
Mitten in Copacabana, trotzdem ruhig, gutes Preis-Leistungs-Verhältnis, 7 Min. vom Strand. *89 Zi. | 5 de Julho | Copacabana | Tel. 021 21 08 92 92 | www.majestichotel.com.br | €–€€*

MAR PALACE (U B–C2) (*m b–c2*)
Nur einen Block vom Strand entfernt, mit großzügigen Zimmern; mitten in Copacabana, aber mit schalldichten Fenstern. *103 Zi. | Av. N.S. de Copacabana, 552 | Copacabana | Tel 021 21 32 15 00 | www.hotelmarpalace.com.br | €€*

PROMENADE PALLADIUM (O) (*m O*)
Die Superlage im schicken Leblon hat ihren Preis; dafür sind Sie hier in Fußnähe zu Restaurants und Strand. *71 Zi. | R. Gen. Artigas, 200 | Leblon | Tel. 021 31 71 74 00 | www.promenade.com.br | €€€*

QUINTA AZUL BOUTIQUE (O) (*m O*)
Geschmackvolles Boutiquehotel mit gutem Preis-Leistungs-Verhältnis im Herzen von Santa Teresa, kleines Schwimmbad. *8 Zi. | R. Almirante Alexandrino, 256 | Santa Teresa | Tel. 021 22 21 32 21 | €€*

SANTA TERESA HOTEL (O) (*m O*)
Wenn Sie sich etwas Besonderes im romantischen Santa Teresa gönnen wollen, sind Sie in diesem Hotel genau richtig. Schöne Zimmer und vom Pool der Blick aufs Zentrum. *41 Zi. | Av. Alm. Alexandrino, 660 | Santa Teresa | Tel. 021 33 80 02 00 | www.santateresahotel.com | €€€*

SOL IPANEMA (O) (*m O*)
Die Lage am Strand von Ipanema ist großartig; modern. *90 Zi. | Av. Vieira Souto, 320 | Ipanema | Tel. 021 25 25 20 20 | www.solipanema.com.br | €€€*

AUSKUNFT

RIOTUR (U E4) (*m e4*)
Hauptbüro im Zentrum: *R. da Assembleia, 10 | Tel. 021 22 17 75 75; touristische Auskünfte über Tel. 021 17 46 | www.rioguiaoficial.com.br*
Der seit langem in Rio lebende deutsche Reisebuchautor Helmuth Taubald

DIE SEELE DER STADT

Diesem mal leichten, mal bombastischen Rhythmus der Stadt kommen Sie näher bei einem abendlichen Besuch im Bohemeviertel Lapa oder in den Sambaschulen. Von August bis Karneval veranstalten die großen Schulen ihre Proben in den *quadras* genannten Vereinshäusern. Jeden Samstag ab 22 Uhr spielen die Trommler ohrenbetäubenden Samba de Enredo, während das Publikum tanzt. Gut mit dem Taxi zu erreichen ist die in der Nähe des Maracanã gelegene *Escola de Samba da Mangueira (Sa ab 21 Uhr | R. Visconde de Niterói 1072 | Tel. 021 38 72 67 86)*. Jeden 2. Sa können Sie hier Feijoada essen und Samba de Pagode erleben *(15 R$ Eintritt, 15 R$ Feijoada)*.

bietet spannende individuelle Besichtigungstouren *(Tel. 021 92 41 37 82 | www.rio-insider.com)*.

INSIDER TIPP ▶ **CASA DO PONTAL**
(143 E3) *(∅ H6)*

Die schöne Lage des Museums im Grünen in der Nähe des Prainha-Strandes,

São Pedro de Alcântara in Petropolis

40 km südwestlich der Stadt, und die liebevolle Zusammenstellung der über 5000 Stücke brasilianischen Kunsthandwerks lassen die Hektik der Großstadt vergessen. *Di–So 9–17.30 Uhr | 10 R$ | Estrada do Pontal, 3295 | Recreio dos Bandeirantes*

PETRÓPOLIS (143 E2) *(∅ H6)*

Das kühle Klima und die tropische Vegetation der Berge begeisterten schon die portugiesische Kaiserfamilie: 70 km von Rio entfernt errichtete sie ihre Sommerresidenz, in deren Umfeld viele Villen entstanden. Heute ist Petrópolis eine belebte Stadt mit ca. 300 000 Einwohnern, deren Hauptattraktion der Kaiserpalast ist. In den Sälen des neoklassizistischen Gebäudes des *Museu Imperial* wird die vergangene Epoche lebendig *(Di–So 11–17.30 Uhr | 8 R$ | R. da Imperatriz, 220)*. In der neogotischen Kathedrale *São Pedro de Alcântara* liegt die Kaiserfamilie begraben *(R. S. Pedro de Alcântara, 60)*. Stilvoll essen und übernachten können Sie im *Solar do Império (Av. Koeler, 376 | Tel. 024 21 03 30 00 | www.solardoimperio.com.br | €€€)*, bevor Sie am nächsten Tag mit einem Umweg über *Teresópolis* zurückfahren. Dabei bekommen Sie einen Eindruck von der Landschaft des zwischen den Orten liegenden Nationalparks *Serra dos Órgãos* – ein Paradies für Wanderer und Kletterer.

REGIÃO DOS LAGOS (143 F3) *(∅ J6)*

Region der Seen heißt das ca. 180 km östlich von Rio gelegene Gebiet mit den Badeorten *Arraial do Cabo*, *Cabo Frio* und *Armação dos Búzios*. Während *Arraial* mit kleinen Buchten und sauberem Wasser ideal zum Tauchen und ein Treff der jungen Leute ist, kommen nach *Cabo Frio,* der Stadt der Salzproduktion mit den historischen Bauten, den langen Stränden und Dünen, besonders viele Familien. *Búzios,* der auf einer Halbinsel gelegene Nobelstrandort der Reichen und Schicken, hat viele Buchten und Strände; die Favoriten: *Azeda, Azedinha* und *Ferradurinha*, alle nur zu Fuß zu erreichen. Frischen Fisch bekommen Sie bei den Fischern in der *Bar dos Pescadores (tgl. | Manguinhos | €€)*. Übernachten Sie in der am Strand gelegenen charmanten ✻ *Pousada Maravista (18 Zi. | R. dos Gravatás, 1058 | Geribá | Tel. 022 26 23 21 30 | www.maravista.com.br | €€)* oder in der günstigen *Vila Pitanga (10 Zi. | Rua G 4, Nr. 6 | Ferradura | Tel. 022 26 23 77 21 | www.vilapitangabuzios.com.br | €).*

INSIDER TIPP **VALE DO CAFÉ**
(143 E2) (*Ø H6*)
Einem Ausflug in die Vergangenheit kommt die Fahrt ins 120 km westlich von Rio liegende Tal des Rio Paraíba gleich, zu dem die Orte *Volta Redonda, Barra do Piraí, Vassouras* und *Paraíba do Sul* gehören. Einige der großzügigen Herrenhäuser der Kaffeebarone *(fazendas)* sind heute zu besichtigen. Eine Übersicht über historische Fazendas finden Sie auf der Homepage *www.preservale.com.br.*

SÃO PAULO

(142 C3) (*Ø H6*) **São Paulo, das ist Brasiliens Stadt der Superlative, eine Stadt, die im Sekundentakt produziert, handelt, wächst und verdreckt.**
Ein Drittel des Bruttoinlandsprodukts wird in São Paulo erwirtschaftet, das wegen der mehr als 1000 Firmen deutschen Ursprungs als größte „deutsche" Industriestadt gilt. São Paulo ist mit seinem Hochhausmeer und den immer vollen Straßen nicht schön, aber großartig: das pulsierende Leben, das tolerante Miteinander, das kulturelle Angebot mit rund 120 Theatern, 300 Kinos und 70 Museen, mit Ausstellungen, Konzerten, Shows. Nirgends in Brasilien können Sie so gut und abwechslungsreich essen wie in São Paulo. Rund 12 500 Restaurants bieten alles: Sushi im Stadtteil Liberdade, wo die größte japanische Gemeinde außerhalb Japans lebt, italienische Küche in Bela Vista oder saure Gurken auf dem

> **CITY** **WOHIN ZUERST?**
> **Praça da Sé:** Am zentralen Platz der Kathedrale beginnen Sie Ihre Stadteroberung. Hier kreuzen sich die Metrolinien: die blaue Nord-Süd-Linie (Tucuruvi–Jabaquara) und die rote West-Ost-Verbindung (Palmeiras/Barra Funda–Corinthians/Itaquera). Sternförmig dazu verlaufen die grüne (Vila Madalena–Vila Prudente) und die gelbe Linie (Butantã–Luz). Ein Leihwagen ist eher störend.

Wochenmarkt in Sto. Amaro. Die ersten, die 1554 ins Hochtal des Paraíba zogen und eine Missionsstation gründeten, waren Mönche. 300 Jahre lang blieb São Paulo ein Dorf. Erst als Mitte des 18. Jhs. im Umland Kaffeeplantagen angelegt wurden, begann das rasante Wachstum, das vielen Wohlstand brachte. Deutsche Handwerker, libanesische Kaufleute, italienische Arbeiter, japanische Bauern, Spanier, Syrer, Litauer, Juden, Armenier, Chinesen und Koreaner: Brasilien wurde für sie zum Land der Zukunft. 1890 hatte São Paulo ca. 65 000 Einwohner, 1920 waren es fast zehnmal so viel (580 000), 1934 war die erste Million geschafft. 1970 lebten knapp 6 Mio. in der Stadt, heute sind es 11 Mio., fast 20 Mio. im Großraum. São Paulo hat eine gut funktionierende U-Bahn, auch zu dem im Bau befindlichen WM-Stadion *Itaquerão,* in dem das Eröffnungsspiel stattfindet, führt eine Linie.

SEHENSWERTES

MASP
Das *Museu de Arte São Paulo* galt viele Jahre als das wichtigste Kunstmuseum Lateinamerikas, mit Werken von Cranach

SÃO PAULO

über Goya bis zu Monet, Picasso und Miró. Allein das von Lina BoBardi entworfene Gebäude an der Bankenmeile Paulista ist sehenswert. *Di–So 11–18 Uhr | 15 R$ | Av. Paulista, 1578 | Cerqueira César*

Garten gibt es Sportanlagen, Museen, ein Planetarium, Bühnen und Veranstaltungsorte. Alle zwei Jahre beherbergt das von Oscar Niemeyer entworfene **INSIDER TIPP** *Museu de Arte Moderna*

São Paulo – Brasiliens umtriebiges Wirtschaftszentrum

MUSEU DO FUTEBOL ●

Einblicke in die Geschichte einer nationalen Leidenschaft bekommen Fußballfans im Fußballmuseum unter der Tribüne des Pacaembu-Stadions, der Heimat des Fußballclubs Corinthians. *Di–So 9–18 Uhr | 6 R$ | Praça Charles Miller | www.museudofutebol.org.br*

PARQUE DO IBIRAPUERA ★ ●

Der mit 160 ha größte Park der Stadt ist für die Paulistanos so etwas wie der Central Park für die New Yorker. Hier joggen Manager nach der Arbeit und treffen sich am Wochenende Hausmeister und Dienstmädchen aus dem Nordosten, während Jugendliche skaten und biken. In dem von Burle Marx 1954 angelegten die Biennale, eine der bedeutendsten Schauen moderner Kunst. Sonst sind Werke des 20. Jhs. zu sehen *(Di–So 10–18 Uhr | 6 R$ | Av. Pedro Alvares Cabral | Portão 3 | www.mam.org.br).* Im *Museu Afro-Brasil* dokumentieren Fotos, Objekte und Kunstwerke die Einflüsse der afrikanischen Kultur in Brasilien *(Di–So 10–17 Uhr | Eintritt frei | Pavilhão Padre M. da Nóbrega | Portão 10).* Sonntagvormittags gibt es meist **INSIDER TIPP** kostenlose Open-Air-Konzerte.

PINACOTECA DO ESTADO DE SÃO PAULO ★

Der Schwerpunkt der aufregenden Sammlung liegt auf der modernen brasilianischen Malerei mit Künstlern wie

Candido Portinari, Emiliano Di Cavalcanti und Tarsila Amaral. Zum Komplex gehört ein hübsches Café. *Di–So 10–17.30 Uhr | 6 R$ | Praça da Luz*

ZENTRUM

Im Dreieck der Praça da Sé mit der Kathedrale, dem ● Benediktinerkloster São Bento, aus dem am Morgen gregorianische Gesänge schallen, und der Praça da República liegt das alte Zentrum mit Banken, Börse und Bürohochhäusern wie dem rosafarbenen *Martinelli-Gebäude (Av. São Jõao, 33)* und dem ✺ ● *Torre do Bradesco (R. João Bricola, 24)* mit seiner atemberaubenden Aussicht aus dem 34. Stock (Fahrstuhl zum 32. Stock, dann zwei Treppen zu Fuß). Geschäftsleute, fliegende Händler, Sekretärinnen in Kostümen, Moto-Boys mit Ordnern unterm Arm – hier spüren Sie den Rhythmus der Stadt. Das *Viaduto do Chá* führt über das lebhafte Vale do Anhangabaú zur anderen Seite, wo das *Theatro Municipal* liegt *(Praça Ramos de Azevedo)*. Stärken Sie sich mit einem typischen Imbiss: Sandwich *Bauru*, ein knuspriges Brötchen gefüllt mit Käse, Roastbeef und Tomate vom *Ponto Chic* am Largo do Paissandú. Zum Abschluss genießen Sie den tollen Blick über das Hochhausmeer in der plüschigen ✺ *Bar des Edifício Itália (tgl. | Av. Ipiranga, 344 | Verzehrzwang 25 R$)*.

ESSEN & TRINKEN

Es gibt keine Stadt in Lateinamerika, in der man so gut essen kann wie in São Paulo. Nirgends sonst gibt es eine solche Vielfalt kulinarischer Einflüsse aus aller Welt, nirgends so kreative Küchenchefs, nirgends so viele Gourmetrestaurants.

INSIDER TIPP ▶ A FIGUEIRA RUBAYAT

Eines der schönsten Restaurants der Stadt: Die Gäste sitzen unter einem Glasdach im Schatten einer Feige und genießen mediterrane Küche und guten Wein. *Tgl. | R. Haddock Lobo, 1738 | Jardins | Tel. 011 30 87 13 99 | €€€*

ALMANARA

Traditionelles arabisches Restaurant im alten Zentrum mit Original-Interieur aus den 1950er Jahren. *Tgl. | R. Basílio Gama, 70 | Centro | Tel. 011 32 57 75 80 | €–€€*

INSIDER TIPP ▶ BRASIL A GOSTO

Die junge Küchenchefin reiste vor Restauranteröffnung durch ganz Brasilien. Die Ingredienzen und Rezeptideen hat sie zu eigenen Kreationen genutzt. Unglaublich gut der gemischte Nachspeisenteller. *So-Abend und Mo geschl. | R. Prof. Azevedo do Amaral, 70 | Jardim Paulista | Tel. 011 30 86 35 65 | €€€*

BUTTINA

Süditalienische Küche, romantisches Ambiente und freundlicher Service im attraktiven Pinheiros. *Mo geschl. | R. João Moura, 976 | Pinheiros | Tel. 011 30 83 59 91 | €–€€*

FOGO DE CHÃO ●

Das Fleisch, das heiß von den langen Spießen geschnitten wird, ist kaum zu übertreffen. *Tgl. | Av. Moreira Guimarães, 964 | Moema | Tel. 011 50 56 17 95 | €€€*

SANTA GULA

Tropische Blumen, erdige Farben, lichtdurchflutete Patios – in diesem charmanten Restaurant können Sie brasilianische und italienische Küche genießen. *Tgl. | R. Fidalga, 340 | Vila Madalena | Tel. 011 30 31 72 24 | €€*

INSIDER TIPP ▶ SHIN ZUSHI

Sonntagabends sitzen hier fast nur Japaner; die Frauen mit Kindern am Tisch, die Herren an der Theke, wo die Fische

Glitzerwelt: Shoppingcenter Iguatemi

glitzern. *So-Mittag und Mo geschl. | R. Afonso de Freitas, 169 | Paraíso | Tel. 011 38 89 87 00 | €€–€€€*

SUSHI KYO

Vater und Sohn stehen hinter der Sushitheke dieses traditionellen japanischen Restaurants in der Nähe des Ibirapuera-Parks, Mutter und Tochter bedienen. *Sa-Mittag und So geschl. | R. Tutóia, 223 | Vila Mariana | Tel. 011 38 87 91 48 | €€*

INSIDER TIPP TORDESILHAS

Regionale brasilianische Küche, fein präsentiert in schöner Einrichtung. *Mo und So-Abend geschl. | R. Bela Cintra, 465 | Cerqueira César | Tel. 011 31 07 74 44 | €€*

348 PARILLA PORTEÑA

Argentinische Rindfleischzubereitung, also dickere Steaks, englisch oder medium gegrillt; nettes Ambiente. *Mo geschl. | R. Com. Miguel Calat, 348 | Vila Olímpia | Tel. 011 38 49 03 48 | €€*

EINKAUFEN

FLOHMARKT IN PINHEIROS

Nach dem Bummel über den Markt trifft man sich in den umliegenden Bars und Restaurants. *Sa 9–19 Uhr | Praça Benedito Calixto*

MERCADO MUNICIPAL

Probieren Sie in den Markthallen aus den 1930er-Jahren das Mortadellasandwich der *Bar do Mané* oder das Stockfisch-Pastel der *Bar do Hocca. | Tgl. 6–16 Uhr | R. da Cantareira, 306 | Parque D. Pedro*

SHOPPING IGUATEMI UND PÁTIO HIGIENÓPOLIS ★ ●

Auch wenn Sie kein Shoppingfan sind: Diese lichtdurchfluteten Einkaufszentren mit eleganten Geschäften, Kinos und Theatern, Restaurants und Cafés sind ein Erlebnis: Verkäuferinnen, schön wie Models, polierte Vitrinen, Marmor ... *Av. Brig. Faria Lima, 2232 | Jardim Paulistano; Av. Higienópolis, 618 | Higienópolis*

AM ABEND

INSIDER TIPP BAR BRAHMA

Draußen sitzen bei kaltem Bier, deutschen Würsten und brasilianischem Samba. *Tgl. | Av. São João, 677 | Centro | Tel. 011 33 33 08 55 | €*

BOURBON STREET MUSIC CLUB
Die Adresse für Blues und Jazz. *Di–So ab 21, Livekonzerte ab 23.30 Uhr | R. dos Chanés, 127 | Moema | Tel. 011 55 61 16 43*

ESTAÇÃO JÚLIO PRESTES
Ein Teil des Bahnhofs wurde zum Sitz des Sinfonischen Orchesters. *Konzerte Do/Fr 21, Sa 16.30 Uhr | ab 25 R$ | Praça Júlio Prestes | Tel. 011 33 37 54 14 | www.osesp.art.br*

INSIDER TIPP ▶ Ó DO BOROGODÓ
Die beste Bar für Samba. Sa-Nachmittag Feijoada und Samba. *So–Fr erst ab 22 Uhr | R. Horácio Lane, 21 | Pinheiros | Tel. 011 38 14 40 87*

SÃO CRISTÓVÃO
Fotos, Trikots, Embleme überall. Auch wenn Sie kein Fußballfan sind, die Sammlung ist toll! *Tgl., Sa ab 16.30 Uhr Livesamba | R. Aspicuelta, 533 | Vila Madalena | Tel. 011 30 97 99 04*

SKYE ☼
Atemberaubend der Blick auf das Hochhausmeer von der Dachterrasse der Bar des *Unique*-Hotels mit der Hotelfassade in Form einer Melonenscheibe. *Tgl. 18–2 Uhr | Av. Brig. Luís Antônio, 4700 | Jardim Paulista | Tel. 011 30 55 47 02*

ÜBERNACHTEN

COMFORT SUITES OSCAR FREIRE
Gepflegte Zimmer zu fairem Preis in ruhiger Lage, 5 Min. im Taxi zum Ausgehviertel Vila Madalena und zu den besten Restaurants. *147 Zi. | R. Oscar Freire, 1948 | Jardim Paulista | Tel. 011 21 37 47 00 | www.atlanticahotels.com.br | €€*

EMILIANO
Wenn Geld keine Rolle spielt: Der Glasturm mit den hellen Zimmern liegt im feinsten Viertel der Stadt; exzellenter Service. *57 Zi. | R. Oscar Freire, 384 | Cerqueira César | Tel. 011 30 69 43 90 | www.emiliano.com.br | €€€*

MERCURE JARDINS
Moderne Zimmer in Toplage zu fairen Preisen; 5 Min. zur Av. Paulista und den besten Restaurants. *121 Zi. | Al. Itu, 1151 | Cerqueira César | Tel. 011 30 89 75 55 | www.accorhotels.com.br | €€*

AUSKUNFT

CENTRO DE INFORMAÇÕES TURÍSTICAS
Am Flughafen Guarulhos, am Busbahnhof Tietê, Praça da República und Av. Paulista | Tel. 011 22 26 04 00 | www.cidadedesaopaulo.com

ZIELE IN DER UMGEBUNG

CAMPOS DO JORDÃO (143 D3) (𝄙 H6)
Im Winter fällt das Thermometer in dem 1600 m hoch gelegenen Luftkurort (48 000 Ew.) in der Serra da Mantiqueira bis auf 0 Grad. Die 190 km nordöstlich von São Paulo gelegene Stadt ist bei den reichen Paulistanos wegen ihrer Alpenatmosphäre beliebt.

ILHA BELA (143 D3) (𝄙 H6)
Über Santos kommen Sie auf die Küstenstraße SP 055. Die schönsten Strände wie *Barra do Saí, Camburi* oder der Surferort *Maresias* liegen kurz vor dem 150 km entfernten *São Sebastião,* von wo aus Sie zur *Ilha Bela* („schöne Insel"), oder *Ilha São Sebastião,* übersetzen können. Berge, Regenwald und Wasserfälle bestimmen das Bild. Eingebettet in die tropische Natur sind Sie in der *Pousada Mariola* oberhalb des Hauptorts (8 Zi. | *R. Chico Reis, 304 | Tel. 012 38 96 41 41 | www.mariola.com.br | €–€€).*

DER NORDOSTEN

Im Nordosten Brasiliens reiht sich ein Traumstrand an den anderen: von Palmen gesäumt, von Sanddünen oder Felsen geschützt, mit türkisgrünem oder tiefblauem Wasser, mit schaumgekrönten Wellen oder glatt wie ein Spiegel, menschenleer oder mit lebhaften Strandbars – Sie haben die Wahl.

Die Sonne strahlt die meiste Zeit am blauen Himmel. Dazu kommt der Zauber der barocken Kirchen und Gebäude, der kopfsteingepflasterten Gässchen und der geheimnisvollen Kultur von Orten wie Salvador, Olinda oder São Luís. Deutlich spüren Sie die afrikanischen Einflüsse. Im trockenen Hinterland scheint die Zeit stehengeblieben zu sein. In den Bergen können Sie wandern, in Wasserfällen baden und Tropfsteinhöhlen besuchen.

FORTALEZA

(137 E3) (m J2) Den Bundesstaat Ceará besucht man wegen der Strände und des guten Wetters. Die Hauptstadt Fortaleza (2,5 Mio. Ew.) ist Ausgangspunkt für Touren nach Osten an die Costa do Sol Nascente und nach Westen an die Costa do Sol Poente mit Fischerdörfern, Dünen und einem der schönsten Strände Brasiliens: Jericoacoara.

Fortaleza ist eine moderne Stadt mit vielen Bars, Restaurants und ausgeprägtem Nachtleben, deren Haupteinnahmequelle der Tourismus ist. Ein historisches Zentrum gibt es nicht, obwohl die Stadt ihren Namen den Festungen verdankt. 1649 bauten die Holländer hier das *Fort*

Strände und Meer, Sonne und Lebensfreude rund um Salvador da Bahia, die Hauptstadt der afrobrasilianischen Kulte

Schonnenborch, aus dem sie sieben Jahre später wieder vertrieben wurden. Erst im 19. Jh. errichteten die Portugiesen die *Fortaleza de Nossa Senhora da Assunção* an derselben Stelle. Zur Fußball-WM wird das *Castelão*-Stadion renoviert.

Jangadas, Langusten und *forró* sind die Symbole der Stadt: Noch immer fahren die Fischer mit den Segelflößen *(jangadas)* aufs Meer und machen reichen Fang. Nirgends in Brasilien gibt es so viele Langusten wie hier. Deshalb sind die Krustentiere hier günstiger als anderswo.

Probieren Sie auch *caranguejo* (Krebse) und *pargo* (Schnappfisch), der in grobem Salz gegrillt wird! Danach können Sie sich ins Nachtleben stürzen und Forró tanzen.

SEHENSWERTES

INSIDER TIPP ▶ CENTRO CULTURAL DRAGÃO DO MAR

Zu dem großen Kulturkomplex gehören ein Amphitheater, ein Planetarium, das Museum für Zeitgenössische Kunst *MAC* und der *Memorial da Cultura Cearense,* wo Volkskunst aus Ceará ausgestellt wird, sowie zahlreiche Bars und Restaurants. *Di–Fr 9–18.30, Sa/So 14.30–20.30 Uhr | R. Dragão do Mar, 81*

Straßenhändler. Baden sollten Sie aber hier nicht, weil das Wasser nicht wirklich sauber ist. Ins Meer springen sollten Sie erst ab der Praia do Futuro, 10 km vom

Große Bühne für Kunsthandwerk: Mercado Central de Artesanato in Fortaleza

PONTE DOS INGLESES

Die „Brücke" ist eigentlich nur ein Holzsteg, der am Strand von Iracema weit ins Meer führt und zu einem der Wahrzeichen Fortalezas wurde.

TEATRO JOSÉ DE ALENCAR

Der Kulturkomplex mit Theater, Tanz, Musik, Bibliothek und Galerie wurde nach einem Dichter benannt. Die Metallkonstruktion des im Jugendstil errichteten Theaters kam aus Schottland. *Mo–Fr 8–11, tgl. 13–16 Uhr | Praça J. de Alencar*

STRÄNDE

Die Stadtstrände von Iracema, Meireles und Mucuripe sind schön, und auf der breiten Strandpromenade ist immer viel los: Jogger und Spaziergänger, Sportler und Familien, Restaurants und

Zentrum entfernt. Besuchen Sie dort eine der gut ausgestatteten Strandbars – Sie werden staunen! In der *Crocobeach* gibt es ein großes Schwimmbad, Sauna und Lanhouse, das Publikum des *Vira Verão* ist jünger und nutzt das WiFi, in der *Itaparikú* gibt es einen großen Wasserpark und die besten Krebse bei *Chico do Caranguejo* (alle entlang der Av. Zezé Diogo).

ESSEN & TRINKEN

ALFREDO – REI DA PEIXADA

Traditionelles Restaurant für Fisch und Meeresfrüchte an der Strandpromenade, bekannt für die gute *peixada,* den deftigen Fischeintopf mit vielen Gemüsen, Eiern und Kokosmilch, mit dem sich früher die Fischer nach der Rückkehr an Land stärkten. *Tgl. | Av. Beira-Mar, 4616 | Mucuripe | Tel. 085 32 63 11 88 | €*

CABAÑA DEL PRIMO

In dem hübschen Restaurant gibt es das beste Rindfleisch Fortalezas – wie in der Heimat des argentinischen Besitzers! *Tgl. | R. Maria Tomásia, 503 | Aldeota | Tel. 085 32 44 36 91 | €€*

COLHER DE PAU

Typische Gerichte aus dem Inland und von der Küste – hier konkurrieren Carne do Sol, sonnengetrocknetes Fleisch, und Lammfleisch mit Fischgerichten. *Tgl. | R. Ana Bilhar, 1170 | Varjota | Tel. 085 32 67 66 80 | €–€€*

FAUSTINO ❧

Egal, ob Fleisch, Fisch oder Langusten – im *Cantinho do Faustino* schmeckt alles großartig, und der Service ist super. Mit dem Erfolg der Küche kam der Umzug in das schicke Restaurant an der Strandpromenade. *Tgl. | Av. Beira-Mar, 3821 | Mucuripe | Tel. 085 32 63 15 30 | €€–€€€*

VOJNILÓ

Fisch, Krabben und Langusten auf dem Grill zubereitet – eine Delikatesse! Das Restaurant für einen besonderen Abend. *Mo–Do mittags geschl. | R. Frederico Borges, 409 | Varjota | Tel. 32 67 30 81 | €€€*

EINKAUFEN

Ceará ist bekannt für gutes Kunsthandwerk, besonders für Hängematten und Spitzen. Ein typisches Souvenir sind mit buntem Sand gefüllte Fläschchen. Im *Ceart* finden Sie die beste Qualität *(Mo–Sa 9–21, So 14.30–20.30 Uhr | Av. Santos Dumont, 1587 | Aldeota),* günstiger sind das *Centro de Turismo (Mo–Fr 8–18, Sa/So 8–12 Uhr | R. Sen. Pompeu, 350 | Centro),* der *Mercado Central de Artesanato (R. Maestro A. Nepomuceno, 199)* und die *Feira Noturna (tgl. 17–22 Uhr | Av. Beira-Mar | Praia de Meireles).*

AM ABEND

BOTECO

Treffpunkt zum Sonnenuntergang an der Praia de Iracema, gut gezapftes Chopp, leckere Kleinigkeiten, später Livemusik. *Av. Beira Mar, 1680 | Tel. 085 32 48 47 73*

FORRÓ

Fortaleza ist bekannt für seine Forró-Schuppen, wo man eng zusammen tanzt: Mo in der *Pirata Bar (R. das Tabajaras, 325 | Praia de Iracema),* Di und Fr im *Arré Égua (R. Delmiro Gouveia, 420 | Varjota).* Voll wird's erst nach 22 Uhr, der Eintritt kostet ab 20 R$.

MUCURIPE CLUB

Der Tanzpalast bietet fünf Bereiche mit unterschiedlicher Musik, freitags ist die

---

MARCO POLO HIGHLIGHTS

★ **Praia da Pipa**
Ein traumhaftes Fleckchen Erde südlich von Natal
→ S. 59

★ **Olinda**
Die barocke Perle → S. 60

★ **Fernando de Noronha**
Die Spitze des Paradieses
→ S. 63

★ **Salvador**
Stadt voller Magie und Geheimnisse → S. 64

★ **Chapada Diamantina**
Wasserfälle und Tafelberge
→ S. 70

★ **Havaizinho**
Traumbucht bei Itacaré
→ S. 71

Hölle los. *Fr/Sa ab 22 Uhr | ab 30 R$ | R. Maranguape, 108 | Centro*

ÜBERNACHTEN

HOTEL LUZEIROS ✺

Das erste Designhotel Cearás mit moderner Lobby, schönem Pool und Meerblick, direkt am Strand. *202 Zi. | Av. Beira Mar, 2006 | Meireles | Tel. 085 40 06 85 85 | www.hotelluzeiros.com.br | €€€*

SONATA DE IRACEMA ✺

Moderne Zimmer mit Meerblick, hübscher Pool, reichhaltiges Frühstück, gutes Preis-Leistungs-Verhältnis. *117 Zi. | Av. Beira-Mar, 848 | Iracema | Tel. 085 40 06 16 00 | www.sonatadeiracema.com.br | €€*

AUSKUNFT

Die staatliche Touristauskunft hat Büros am Flughafen, am Busbahnhof und im Centro de Turismo *(R. Sen. Pompeu, 350 | Centro | Tel. 085 31 01 46 88)*. Die besten Auskünfte im Netz: *www.guiace.com.br*

ZIELE IN DER UMGEBUNG

CANOA QUEBRADA (137 E3) (𝄞 J–K2)

Von Fortaleza Richtung Osten folgt ein Strand auf den anderen. Die nächstgelegenen Strände sind *Porto das Dunas (Beach Park)* und *Prainha*. Weiße Sanddünen, bunte Klippen, von Wind und Sonne bearbeitete Steinformationen – herrlich, hier entlangzufahren! Darauf folgen *Caponga (62 km), Morro Branco (86 km)* und *Uruaú (110 km)* mit einer in den Dünen versteckten Lagune. Der bekannteste Strandort ist *Canoa Quebrada*, ca. 160 km entfernt, früher Hippietreff, heute ein ziemlich voller Ferienort. Eine ruhige Lage mit Pool, Restaurant und Meerblick genießen Sie in der *Pousada Aruanã (20 Zi. | R. dos Bugueiros | Tel. 088 34 21 71 54 | www.pousadaaruana.com.br | €€)*.

JERICOACOARA (137 D–E3) (𝄞 J2)

Jericoacoara gilt als einer der schönsten Strände Brasiliens, aber die Anreise ist langwierig. Das Besondere sind die

Einsame Weiten im Nordosten: Lagune in den Dünen bei Canoa Quebrada

hohen Dünen am Meer und der Wind, der die Wind- und Kitesurfer begeistert. In dem von Dünen umgebenen *Cumbuco (33 km)* verbringen die Leute aus der Stadt gern einen Tag am Strand. Bekannt ist der Ort für seine günstigen Windverhältnisse, weshalb Kitesurfer aus aller Welt hierherkommen. Die Straße Richtung Westen führt nicht direkt am Strand entlang. 60 km sind es bis *Taíba,* 110 km ins verträumte *Lagoinha,* ein charmantes Fischerdorf mit endlosen Stränden und Dünen. Übernachten Sie in der ✿ *Villa Lagoinha,* einer hübschen Pousada unter Schweizer Leitung, die auch Kitesurfkurse anbietet *(6 Zi. | Rua Projetada, 25 | Tel. 085 91 36 60 62 | www. brazil-kitesurf.com | €).* Am Ende der Straße liegt *Trairí (128 km),* Durchgang für die von Dünen gesäumten Strände von Fleixeiras und Mundaú.

Wind, Sonne, Sand, Meer: in *Jericoacoara (ca. 300 km)* spüren Sie die vier Elemente. Es gibt den Strand mit seinem ewigen Wind und die 20 km im Inland liegende *Lagoa de Jijoca* mit klarem Wasser. Jericoacoara ist ein Ferienort mit Pousadas und Geschäften und das Wind- und Kitesurf-Paradies Brasiliens. In Jericoacoara wohnen Sie in der *Vila Bela Vista (14 Zi. | R. dos Coqueiros, 100 | Tel. 088 36 69 23 59 | www.vilabelavista.com | €–€€),* einer Pousada, die vom Enthusiasmus der amerikanisch-brasilianischen Besitzer lebt, am Fuß der riesigen Düne, mit viel Aktivitäten für Kinder und eigenen Pferden, oder in der komfortablen *Pousada Jeribá (14 Zi. | R. do Ibama | Tel. 088 36 69 20 96 | www. jeriba.com.br | €€–€€€).*

NATAL

(137 F4) (𝄞 K3) **„Stadt der Sonne" wird Natal (800 000 Ew.) wegen des angenehmen Klimas und der Statistik genannt: 300 Sonnentage bei einer jährlichen Durchschnittstemperatur von 26 Grad. Fast zwangsläufig ist der Tourismus zur Haupteinnahmequelle der Stadt geworden.**

Über 400 km Küste hat der am weitesten nordöstlich gelegene Bundestaat Rio Grande do Norte, dessen Hauptstadt Natal ist. Der Name, übersetzt „Weihnachten", geht auf das Gründungsdatum zurück. Kräftig investiert wird in ein neues Stadion, die *Arena das Dunas,* die zur Fußball-WM 2014 fertig sein soll. Aus der indianischen Tupí-Sprache kommt der Ausdruck *potiguar* („Krabbenesser"), mit dem die Einheimischen bezeichnet werden. Rio Grande do Norte ist der größte Krabbenproduzent Brasiliens.

SEHENSWERTES

FORTE DOS REIS MAGOS
Erst vertrieben die portugiesischen Kolonialherren französische Piraten, die mit den ansässigen Indianern regen Handel

trieben, dann begannen sie 1598 mit dem Bau der imposanten sternförmigen Festung. Damals strategisch gut, heute malerisch gelegen zwischen Atlantik und Rio Potengi beherbergt das Fort jetzt u.a. den ältesten portugiesischen Besitzmarkstein von 1501. *Tgl. 8–16.30 Uhr | 3 R$ | Praia do Forte*

Angenehmes und unprätentiöses Ambiente. *Mo geschl. | Av. Campo Sales, 474 | Petrópolis | Tel. 084 32 02 93 64 | €€*

CAMARÕES

Ein Muss in dieser Stadt: Krabben essen – auch wenn die meisten inzwischen nicht mehr wild gefischt werden, son-

Schmucke Strandpromenade: Praia da Ponta Negra bei Natal

PRAIA DA PONTA NEGRA

Nach Natal kommt man wegen der Strände. Der schönste stadtnahe ist der 8 km südlich gelegene Strand von Ponta Negra: türkisgrünes Meer, weißer Sand, eine Strandpromenade und im Hintergrund der *Morro do Careca,* eine steil ins Meer fallende Düne. Hier liegen die meisten Hotels und Restaurants.

dern zumeist aus Züchtungen stammen. Erste Adresse für den Gaumenschmaus ist das *Camarões. Tgl. | Av. Eng. Roberto Freire, 2610 | Ponta Negra | Tel. 084 32 09 24 24 | €€– €€€*

EINKAUFEN

Einheimisches Kunsthandwerk in guter Auswahl finden Sie im *Shopping do Artesanato Potiguar (Av. Eng. Roberto Freire, 8000 | Ponta Negra)* und im Centro de Turismo, einem hübsch restaurierten Bau aus dem 19. Jh., der auch schon als Gefängnis diente *(R. Aderbal de Figueiredo, 980 | Petrópolis).*

ESSEN & TRINKEN

INSIDER TIPP ANCORA CAIPIRA

Die Rezepte für die leckeren Gerichte stammen aus dem Hinterland, z.B. Zicklein im Ofen und geschmortes Hühnchen.

AM ABEND

In Alto de Ponta Negra finden sich die meisten Bars und Restaurants. Angesagt sind am Wochenende auch das Hafenviertel Ribeira und Petrópolis.

ÜBERNACHTEN

MANARY PRAIA

Ein Klassiker! Das Hotel im neo-kolonialen Stil hat viel Charme und liegt zudem direkt am Strand. Romantisch ist das Abendessen am Pool mit Meerblick. *23 Zi. | R. Fr. Gurgel, 9067 | Ponta Negra | Tel. 084 32 04 29 00 | www.manary.com.br | €€–€€€*

INSIDER TIPP ▶ POUSADA MANGA ROSA

Am schöneren Ende des Strandes von Ponta Negra gelegen, schön dekorierte Zimmer, z.T. mit Meerblick, freundlicher Service, super Preis-Leistungs-Verhältnis. *16 Zi. | Av. Evian França, 240 | Ponta Negra | Tel. 084 32 19 05 08 | www.mangarosanatal.com.br | €*

AUSKUNFT

Die Staatliche Touristenauskunft hat Informationsstellen im Flughafen, im Busbahnhof und im *Centro de Turismo. Tgl. 8–18 Uhr | Tel. 0800 84 15 16 | www.natalbrasil.tur.br*

ZIELE IN DER UMGEBUNG

JOÃO PESSOA (141 F1) (∅ K3)

Ca. 180 km sind es von Natal nach João Pessoa, der Hauptstadt Paraíbas. Die Hauptstraße verläuft im Inland, während die Steilküste einsame Strände und Fischerdörfer wie *Baía Formoso* und *Baía da Traição* bietet. In João Pessoa geht es trotz der 650 000 Einwohner noch gemächlich zu. Das historische Zentrum liegt um den Barockkomplex der Kirche *São Francisco.* Besuchen Sie die Ausstellung paraibanischen Kunsthandwerks in der *Casa do Artista Popular (tgl. 9–17 Uhr | Praça da Independência, 56).* Es gibt eine gepflegte Strandpromenade und gute Restaurants. Im *Mangai* im Stadtteil Manaíra gibt es deftige Nordostküche – so gut, dass es inzwischen Filialen in Natal und Brasília gibt *(tgl. | Av. Gen. Édson Ramalho, 696 | €).* Zum Übernachten nehmen Sie das moderne ☺ *Verdegreen*, das gerade wegen seiner Nachhaltigkeit prämiert wurde *(140 Zi. | Av. João Maurício, 255 | Manaíra | Tel. 083 30 44 00 00 | www.verdegreen.com.br | €€).* Unschlagbar ist der ● INSIDER TIPP Sonnenuntergang zu den Klängen des „Bolero" am Strand des Paraíba-Flusses: Jeden Tag ab 16.30 Uhr sammeln sich Menschen auf den Holzstegen an der *Praia do Jacaré,* um Jurandy do Sax zu hören, wie er auf einem Ruderboot im Fluss Ravel spielt *(km 8 der BR 230).*

PRAIA DA PIPA ★ ☙ (141 F1) (∅ K3)

Praia da Pipa ist einer der charmantesten Strandorte Brasiliens, gelegen auf einer Steilküste mit atemberaubenden Blick aufs Meer, umgeben von Regenwald, Dünen und Lagunen. Die Mischung von Einheimischen und Touristen, Künstlern und Surfern gibt dem Ort 80 km südlich von Natal sein besonderes Flair. Die Strände haben weißen, feinen Sand, das Meer präsentiert sich mal sanft, mal mit wilden Wellen, an einigen Stellen tummeln sich die Delphine. Vom *Mirante dos Golfinhos* kann man sie im Meer beobachten oder in der *Baía dos Golfinhos* mit ihnen schwimmen. Wunderbar entspannend und gepflegt sind die Chalets der *Terra dos Goitis* in einem Garten mit Pool in Zentrumsnähe *(8 Zi. | R. das Acácias | Praia do Amor | Tel. 084 32 46 22 61 | www.terradosgoitis.com | €€).* Spekatuklär ist die Sicht aus der  **INSIDER TIPP** *Pousada Mirante de Pipa*. Die Unterkünfte sind in einem großen Garten verteilt, der Service ist freundlich-familiär *(13 Zi. | R. do Mirante, 1 | Centro | Tel. 084 32 46 22 51 | www.mirantedepipa.com.br | €)*.

Auf dem Weg nach Pipa halten Sie in *Pirangi do Norte,* um den größten Cashewbaum der Welt zu bewundern. Hinterher probieren Sie deftige Inlandsküche im *Paçoca do Pilão (Av. Dep. Márcio Marinho, 5708 | Tel. 084 32 38 20 88 | €)*.

Pernambucos. Heute ist das benachbarte Recife der Regierungssitz und Drehscheibe für Touristen. Schöner, anregender, entspannter ist der Aufenthalt in Olinda (375 000 Ew.) mit seiner aktiven Künstlerszene. Kirchen liegen neben Ateliers, Restaurants neben Handwerksläden, Studenten treffen sich vor den Bars, und Touristen sind auf dem Weg in gute Restaurants. Kunst und Musik an allen Ecken und Enden: In der zweiten Novemberhälfte wird das historische Zentrum bei

![Beim Karneval geht's auch hier hoch her: Frevo-Tänzerin in Olinda]

Beim Karneval geht's auch hier hoch her: Frevo-Tänzerin in Olinda

OLINDA

(141 F2) *(⊞ K3)* ⭐ **Ihren Namen besitzt „Die Schöne" zu Recht: Malerisch auf Hügeln am Meer verteilt liegen die zahlreichen Barockkirchen und Kolonialhäuser. Von der Unesco wurde Olinda zum Weltkulturerbe erklärt.**

Franziskaner, Benediktiner, Jesuiten, Karmeliter – sie alle verewigten sich mit ihren Kirchen in der ersten Hauptstadt

Arte em toda Parte zu einem Atelier unter freiem Himmel, über den Feiertag des 7. September gibt es klassische Konzerte in den Kirchen und, ebenfalls im November, ein Literaturfestival. Es lohnt, sich Zeit für all die Ateliers, Galerien und kleinen Stände zu nehmen. Wenn sie zum Karneval kommen wollen, sollten sie lange im Voraus ein Zimmer buchen, weil es nur wenige Unterkünfte gibt. Und bequeme Schuhe sind unabdingbar auf den steilen, holprigen Straßen zwischen Ober- und

Unterstadt. Den schönsten Blick auf das nur 6 km entfernte Recife – sowie auf Olinda selbst – hat man vom ☼ Platz der Kathedrale, der *Praça da Sé*. Ab Donnerstagabend Richtung Wochenende ist auf dem Platz vor der Kathedrale immer etwas los: Afrorhythmen und Maracatu-Gruppen, Stände mit Tapiocafladen und Kunsthandwerk. Noch ein Hinweis: Die selbst ernannten Touristenführer sind übrigens meist nicht so gut vorbereitet, wie sie vorgeben; es geht auch ohne.

SEHENSWERTES

BASÍLICA DE SÃO BENTO
Der 14 m hohe, geschnitzte und mit Blattgold bestückte Altar wurde bereits im Guggenheim-Museum ausgestellt. So um 10 Uhr gregorianische Gesänge. *Tgl. 8–11, 14–17 Uhr | R. de São Bento*

CONVENTO DE SÃO FRANCISCO
Das erste Franziskanerkloster in Brasilien besitzt drei reich ausgestattete Kapellen, eine prachtvolle Sakristei und einen mit portugiesischen Kacheln *(azulejos)* verzierten Innenhof. *Mo–Fr 7–12, 14–17, Sa 8–12 Uhr | 3 R$ | R. de São Francisco, 280*

ESSEN & TRINKEN

INSIDER TIPP OFICINA DO SABOR ☼
Verfeinerte Regionalküche, z. B. mit Krabben in Mangosauce gefüllter Kürbis. Von der Veranda haben Sie einen Blick bis Recife. *So-Abend und Mo geschl. | R. do Amparo, 335 | Tel. 081 34 29 33 31 | €€*

AM ABEND

Bummeln Sie durch die steilen Gassen. In der *Bodega do Véio* trifft sich die alternative Künstlerszene *(R. do Amparo, 212)*; in der Bar *Xinxim da Baiana* auf der Praça do Carmo und im *Grêmio Preto Velho*

geht's vor allem beim *sambão* am Wochenende richtig ab *(Alto da Sé)*.

ÜBERNACHTEN

POUSADA DOS QUATRO CANTOS
An einer Straßenecke im Zentrum, kleiner Pool, freundlicher Service – die beste Pousada vor Ort! *18 Zi. | R. Prudente de Morais, 441 | Tel. 081 34 29 02 20 | www.pousada4cantos.com.br | €– €€*

SETE COLINAS
Hotel in einem restaurierten Kolonialgebäude mit Pool und viel Grün mitten im historischen Zentrum. *44 Zi. | Ld. de São Francisco, 307 | Tel. 081 34 93 77 66 | www.hotel7colinas.com.br | €€*

AUSKUNFT

Infobox Praça do Carmo | tgl. 9–21 Uhr

RECIFE

(141 F2) *(∭ K3)* **Die Hauptstadt Pernambucos (1,55 Mio. Ew.) liegt über mehre Inseln verstreut im Flussdelta des Rio Capibaribe. Die vielen Mündungsarme, Kanäle und Brücken erschweren die Orientierung.**

Die meisten Hotels und viele Restaurants liegen in Boa Viagem, dem Strandviertel – allerdings nicht am Meer, sondern in zweiter Reihe. Weiter außerhalb Richtung Suape liegen die Hotels der Praia da Piedade. Der Bundesstaat Pernambuco erlebt einen wirtschaftlichen Boom mit dem Ausbau des Tiefseehafens in Suape und der Ansiedlung neuer Industrien. Zur Fußball-WM wird als ein Teil eines Großbauprojekts ein neues Stadion gebaut, die Pernambuco-Arena.

Zum alten Zentrum Recifes gehören die Stadtviertel Recife Antigo, Boa Vista und

Santo Antônio mit historischen Regierungsgebäuden, Kirchen und Märkten. In Recife Antigo wurden viele Gebäude restauriert wie z.B. die Synagoge *Kahal Zur Israel,* die *Torre Malakoff* oder das Zollgebäude, in dem heute ein Shoppingcenter untergebracht ist. In Santo Antônio liegen die *Capela Dourada,* die Markthalle des *Mercado São José,* das *Forte das Cinco Pontas* aus holländischer Besatzungszeit und die *Casa da Cultura.* Wenn es dunkel wird, sollten Sie das alte Zentrum Richtung Hotel verlassen.

SEHENSWERTES

CAPELA DOURADA

Die „vergoldete Kapelle" ist mit ihren prächtigen Altären und ihren Decken- und Wandmalereien von 1697 ein beeindruckendes Beispiel brasilianischen Barocks. *Mo–Fr 8–11.30, 14–17, Sa 8–11.30 | R. do Imperador | Santo Antônio*

INSIDER TIPP ▶ MUSEU DO HOMEM DO NORDESTE

Toll gemachtes Museum, in dem Sie viel über Geschichte und Kultur der Nordestinos erfahren. *Di–Fr 11–17, Sa/So 13–17 Uhr | Av. 17 de Agosto, 2187 | Casa Forte*

OFICINA DE CERÂMICA FRANCISCO BRENNAND

Schöne Parkanlage mit Tonskulpturen, Kachelbrennerei und Ausstellunsräumen für die Malerei des pernambucanischen Künstlers Francisco Brennand im Stadtteil Várzea. Nehmen Sie ein Taxi, das auf Sie wartet *(35–40 R$).* *Mo–Fr 13–17 Uhr | 6 R$ | Av. Caxangá*

STRÄNDE

Recife hat zwar eine Strandpromenade, aber ins Wasser sollten Sie hier lieber nicht springen. Die Wasserqualität läßt zu wünschen übrig, und es gibt viele Haie. 40 km weiter südlich liegt die *Praia Gaibu,* aber dann können Sie auch gleich nach *Porto de Galinhas* fahren *(s. Ziele in der Umgebung).*

ESSEN & TRINKEN

LEITE

Das Leite ist eines der ältesten Restaurants Brasiliens (von 1882) – eine Zeitreise zum Mittagessen. *Abends geschl. | Praça Joaquim Nabuco, 147 | Sto. Antônio | Tel. 081 32 24 79 77 | €€*

SPETTUS STEAK HOUSE

Exzellente Churrascaria mit Rodizio und großem Spezialitätenbüfett. *Tgl. | Av. Eng. Domingos Ferreira, 1500 | Boa Viagem | Tel. 081 33 26 30 70 | €€–€€€*

TIO PEPE

Gemütliches Restaurant mit regionaler Küche und gutem Service. Sie können auch sehr schön im Garten sitzen. *Mo und So-Abend geschl. | R. Alm. Tamandaré, 170 | Boa Viagem | Tel. 081 33 41 71 53 | €–€€*

EINKAUFEN

Kunsthandwerk wie die typischen Tonfiguren im Stil von Mestre Vitalino, des berühmtesten Keramikers des Nordostens, bekommen Sie in der *Casa da Cultura de Pernambuco,* einem ehemaligen Gefängnis. *Mo–Fr 9–19, Sa 9–18, So 10–15 Uhr | R. Floriano Peixoto | Sto. Antônio*

AM ABEND

BOTECO

Hier gibt es eiskaltes *chopp* (Bier) und leckere Kleinigkeiten. *Mo–Do ab 17, Fr–So ab 12 Uhr | Av. Boa Viagem, 1660 | Tel. 081 33 52 14 38*

ÜBERNACHTEN

BEACH CLASS SUITES

An der Strandpromenade; modern, mit großen Zimmern und Panoramafahrstühlen. *161 Zi. | Av. Boa Viagem, 1906 | Boa Viagem | Tel. 081 21 21 26 26 | www. atlanticahoteis.com.br | €€–€€€*

JANGADEIRO

Hier frühstücken Sie mit Blick auf den Strand. *90 Zi. | Av. Boa Viagem, 3114 | Boa Viagem | Tel. 081 30 86 50 50 | www. jangadeirohotel.com.br | €€*

POUSADA VILLA BOA VISTA

Familiäre Pusada mit hübschen Zimmern, zentral gelegen Richtung Zentrum Recife. *30 Zi. | R. Miguel Couto Boa Viagem | Tel. 081 32 23 06 66 | www. pousadavillaboavistacom.br | €*

ZIELE IN DER UMGEBUNG

FERNANDO DE NORONHA ★
(0) (*K2*)

Ein Paradies! Die 545 km vor Recife im Atlantik gelegene Insel ist die Spitze eines vulkanischen Gebirges, bewohnt von ca. 2250 Menschen. Der Archipel steht unter Naturschutz. Es gibt kleine Buchten mit Sand und sauberem Wasser, wie die *Baía dos Porcos* und die *Baía do Sancho,* die nur zu Fuß zu erreichen sind und zu den schönsten Brasiliens gehören. Bei Ebbe bleiben Hunderte von Fischen in den von Riffen geschützten Naturbecken der *Praia de Atalaia* zurück. Gruppen von je 20 Personen dürfen 30 Minuten schnorcheln. Das Benutzen von Sonnenschutzmittel und Schwimmflossen ist verboten. **INSIDER TIPP** Am schönsten ist in Noronha die Welt unter Wasser: Fischschwärme, schwebende Rochen, Schildkröten, Delphine, Korallen, Seeanemonen. Die Sichtweite beträgt bis zu 50 m, die Was-

sertemperatur im Schnitt 27 Grad. Tauchtouren veranstaltet u. a. *Atlantis Divers (Vila dos Remédios | Tel. 081 36 19 13 71 | www.atlantisnoronha.com.br).*

Die Surfer kommen wegen der perfekten Wellen, besonders zwischen Dezember und März. Machen Sie eine Bootstour entlang der Strände des *Mar de Dent-*

Trauminsel im Atlantik:
Fernando de Noronha

ro. Dabei haben Sie Gelegenheit, den Kunststücken der Delphine zuzuschauen und in der *Baía do Sancho* zu schnorcheln *(tgl. ab Hafen | Abholung im Hotel | 80 R$ | Abatur | Tel. 081 36 19 13 50).* Vom ※ *Mirante dos Golfinhos,* einem Aussichtspunkt, können Sie beobachten, wie die Delphine am Morgen in die Bucht der Baía dos Golfinhos kommen und sie am Nachmittag wieder verlassen.

Zum Essen setzen Sie sich in eine einfache Bar wie die *Bar do Boldró* am Strand *(tgl. | Tel. 081 36 19 18 77 | €–€€)*. In der 🌿 *Bar do Meio* auf einem Felsen zwischen der Praia da Conceição und der Praia do Meio ist der Sonnenuntergang spektakulär! Beim Übernachten liegen die Preise weit über dem Landesdurchschnitt. Empfehlenswerte Pousadas, die noch bezahlbar sind: *Pousada do Vale* *(8 Zi. | R. Pescador Sérgio Linho, 18 | Vila dos Remédios | Tel. 081 36 19 12 93 | www. pousadadovale.com.br | €€€)*, 🌿 *Pousada Colina dos Ventos (6 Zi. | Estr. Da Colina, 6 | Vila do Trinta | Tel. 081 36 19 12 57 | www.pousadacolinadosventos.com.br | €€)* und *Pousada Solar dos Ventos* mit Holzbungalows *(8 Zi. | Estr. do Sueste | Tel. 081 36 19 13 47 | www.solardosventos.com. br | €€€)*. Eine Reise nach Fernando de Noronha ist nicht billig, da zu den Flug- und Übernachtungskosten noch die Besuchergebühr kommt *(ca. 38 R$ pro Tag)*. www.noronha.pe.gov.br

PORTO DE GALINHAS (141 F2) *(ᗡ K3)*

Porto de Galinhas, 60 km südlich von Recife, hat sich von einem Fischer- zu einem quirligen Touristenort entwickelt. Am Strand liegen die bunten Jangadas, mit denen die Touristen zum Schnorcheln gefahren werden. Im Ortszentrum reiht sich neben Strandbars und Restaurants ein Souvenirladen an den anderen. Die großen Resort-Hotels liegen nördlich von Porto de Galinhas am Strand von *Muro Alto* mit Blick auf den Hafen von Suape; die Surfer gehen ins südlich gelegene *Maracaípe*. Übernachten Sie Richtung Muro Alto in der schicken *Pousada Marambaia do Porto (20 Zi. | Tel. 081 35 52 22 26 | www.pousadamarambaiadoporto.com. br | €€)*. Ums Eck gibt's Hausmannskost im Restaurant *Cabidela da Natália (tgl. | €)*. Unter deutsch-brasilianischer Leitung steht die *Pousada Porto do Colibri*

(10 Zi. | Loteamento Porto do Sol, Lote 7, Quadra G | Tel. 081 35 52 34 08 | www. portodocolibri.com | €). Köstlichen Fisch und Meeresfrüchte serviert das charmante **INSIDER TIPP** Restaurant *Beijupirá (tgl. | R. Beijupirá | €€)*.

SALVADOR

(137 E6) *(ᗡ J4)* ⭐ **São Salvador da Baía de Todos os Santos, die Stadt des „Heiligen Retters an der Bucht aller Heiligen" – so muss es den Menschen vorgekommen sein: den Portugiesen, die hier nach beschwerlichen Schiffsreisen anlegten, und erst recht den gepeinigten afrikanischen Sklaven, die die mörderische Überfahrt überlebt hatten.**

Bis heute ist Salvador (2,7 Mio. Ew.) das Zentrum afrikanischer Kultur und afro-brasilianischer Kulte geblieben. Durch die Gassen des Pelourinho-Viertels hallen die Trommelschläge der Musikgruppen, während die *baianas* mit weiten Röcken und Turbanen hinter ihren Essständen hocken – würdevoll wie afrikanische Königinnen, geschmückt mit Ketten in den Farben ihrer Götter. Es riecht nach Palmöl und Weihrauch. Der Bundesstaat Bahia ist ungefähr so groß wie Deutschland und umfasst 1000 km Küste mit etlichen

> **CITY** **WOHIN ZUERST?**
> **Praça da Sé:** Starten Sie am Platz der Kathedrale und spazieren Sie von hier aus durch die kopfsteingepflasterten, autofreien Gassen zum Pelourinho-Platz. Die Busse mit der Aufschrift *Praça da Sé* halten nicht weit vom unteren Ende des Platzes, etwa auf der Höhe des Lacerda-Fahrstuhls, der die Oberstadt mit der Unterstadt verbindet.

Traumstränden. Im Inland liegt die *Chapada Diamantina*, das „Diamantengebirge", wo man herrlich wandern kann.

SEHENSWERTES

CANDOMBLÉ

In den Kultstätten des Candomblé, den *terreiros*, werden auch öffentliche Feste zu Ehren der Orixás veranstaltet. Die Feste folgen einem festgelegten Kalender, über den die Touristinformation Auskunft gibt. Mit dem bei religiösen Zeremonien üblichen Respekt und heller Kleidung sind Sie willkommen. Im Museum **INSIDER TIPP** *Ilê Ohun Lailai (Mo–Fr 8–12, 14–17, Sa 8–12 Uhr | 6 R$ | Casa das Coisas Antigas | R. Direita de São Gonçalo do Retiro, 557 | Cabula)* sind Kultobjekte und Fotos zu sehen, welche die Geschichte des Terreiros Ilê Axé Opó Afonjá dokumentieren und einen Eindruck von den vielfältigen Aspekten des Candomblé vermitteln. Das Museum liegt auf dem Gelände der Kultstätte, deshalb bitte dunkle Kleidung vermeiden.

CAPOEIRA ●

Capoeira, den traditionellen Kampftanz, können Sie an verschiedenen Plätzen (z. B. am Mercado Modelo und am Terreiro de Jesus) und in den *Academias* der Capoeira-Meister sehen. Seit kurzem sind im *Forte Sto. Antônio além do Carmo* Gruppen verschiedener Capoeira-Meister untergebracht.

IGREJA E CONVENTO DE SÃO FRANCISCO

Die prächtigste Kirche Salvadors gehört zum Konvent des Franziskanerordens aus dem 18. Jh.: mit Goldverzierungen überladene Altäre und Chorkapellen, Balustraden aus Palisander, Heiligenfiguren, vollbrüstige Engel: Barock in den Tropen. Nebenan liegt die Kirche des Laienordens der Franziskaner, die *Igreja da Ordem Terceira de São Francisco,* deren Sandsteinfassade fast 150 Jahre verborgen war. *Mo–Sa 8.30–17.30, So 13–17 Uhr | 5 R$ | Largo Cruzeiro de São Francisco Centro Histórico*

MUSEU DE ARTE SACRA

Allein die Anlage des wunderschönen Klosterkomplexes *Santa Teresa de Avila* aus dem 17. Jh. ist den Besuch wert. Die

Überbordende goldene Pracht in der Igreja de São Francisco

Farbenfroh zeigt sich Salvadors koloniale Altstadt am Pelourinho

Sammlung von Sakralkunst vermittelt einen Eindruck vom Reichtum der Kirche. *Mo–Fr 11.30–17.30 Uhr | 5 R$ | R. do Sodré, 276 (Zugang von der Carlos Gomes)*

MUSEU CARLOS COSTA PINTO
Silberne Karaffen, chinesisches Porzellan und Elfenbeinschnitzereien vermitteln einen Eindruck vom hochherrschaftlichen Leben der Kolonialherren – auch die goldenen und silbernen Schmuckstücke der Sklavinnen. *Mi–Sa 14.30–19 Uhr | 5 R$ | Av. Sete de Setembro, 2490 | Vitória*

PELOURINHO
Der Schandpfahl, an dem die Sklaven ausgepeitscht wurden, gab dem abschüssigen Platz in Salvadors Altstadt seinen Namen. Der größte zusammenhängende Barockkomplex in den Tropen wurde von der Unesco zum Weltkulturerbe erklärt. Genießen Sie die einzigartige Atmosphäre beim Bummel durch die Straßen, aber lassen Sie Ihre Wertsachen im Hotel (Taschendiebe!). Das Viertel erstreckt sich von der Praça da Sé mit der *Catedral Basílica,* der eher nüchternen, von Jesuiten erbauten Kathedrale *(Mo–Sa 8.30–11.30, 13.30–17 Uhr | Terreiro de Jesus)* bis ins Carmo-Viertel. Auf den Treppenstufen der *Ladeira do Carmo* **INSIDER TIPP** spielt dienstagabends Gerônimo Fusionen von Afro und Salsa. In der Kathedrale gibt es am Sonntagmorgen ● Orgelkonzerte, veranstaltet vom deutschen Padre Hans Bönisch und seinem Chor *Barroco na Bahia.* Das neben der Kathedrale liegende Jesuitenkolleg wurde im 19. Jh. zur ersten medizinischen Fakultät Brasiliens. Heute ist hier das *Museu Afro-Brasileiro* untergebracht, wo Sie einen Einblick in den Alltag Salvadors bekommen *(Mo–Fr 9–18, Sa/So 10–17 Uhr | 6 R$ | Terreiro de Jesus).* Die blau gestrichene Kirche am

Pelourinho, *Nossa Senhora do Rosário dos Pretos,* haben Sklaven und bereits befreite Afrikaner bauen lassen. Heute werden einige Messen von afrikanischen Trommeln begleitet. In der Nähe der Altstadt liegt auch das zu Fußball-WM neu gebaute Fußballstadion *Fonte Nova.*

SOLAR DO UNHÃO

In der ehemaligen Zuckersiederei ist das *Museu de Arte Moderna* mit brasilianischer Kunst untergebracht. Dazu gehört auch ein Skulpturengarten. Sa-abends ab 18 Uhr treffen sich im Hof die Jazzer zur Jamsession. *Di–So 13–19 Uhr | Av. Contorno | Cidade Baixa*

STRÄNDE

Die Stadt verfügt über lange Strandabschnitte, die allerdings nach Abriss der Strandbars 2010 noch relativ unorganisiert sind. In Zentrumsnähe ist nur der kleine Strand am Porto da Barra empfehlenswert. Unter den Palmen des ● *Jardim de Alah,* ca. 15 km vom Zentrum, sind Massageliegen aufgebaut. Gönnen Sie sich doch mal die kleine Auszeit einer Massage! Sauberer wird das Meer ab Piatã, noch weiter stadtauswärts. Die schönsten Strände sind *Stella Maris* und *Flamengo,* die in der Nähe des Flughafens liegen. Inzwischen sind einzelne Strandbarracas in direkt am Strand gelegenen Wohnhäusern neu eröffnet worden, jetzt mit mehr Infrastruktur: z.B. das *Borabora* in Pedra do Sal und die ● *Barraca do Loro* in Praia do Flamengo *(R. Des. Manoel de Andrade Teixeira, 266).*

ESSEN & TRINKEN

In Salvador dürfen Sie *acarajé* nicht verpassen. Probieren Sie die in Dendê-Öl frittierten Bällchen bei einer der bekannten Baianas: *Cira* in Itapuã, *Dinha* und *Regina*

in Rio Vermelho. Alle, bei denen sich nachmittags Schlangen bilden, sind gut.

BOI PRETO

Churrascaria-Rodízio mit großartigem Büfett, Sushibar und Weinkeller. *Tgl. | Av. Otávio Mangabeira/Av. Yemanjá, Jardim Armação | Tel. 071 33 62 88 44 | €€€*

INSIDER TIPP ▶ **DON PAPITO**
Die besten *lambretas* (Muscheln) der Stadt gibt's in diesem einfachen Restaurant an der Strandstraße, außerdem köstlichen Tintenfisch und Tortillas. *Mi–Fr 17–23, Sa/So 12–19 Uhr | Av. Otávio de Mangabeira, 6 | Piatã | Tel. 071 33 67 01 04 | €*

DONANA

Wegen der duftenden Krabben-Moquecas kommen die Leute aus ganz Salvador in dieses einfache Restaurant im belebten Stadtteil Brotas. *Nur mittags, Mo geschl. | R. Teixeira Barros (Endstation Brotas) | Tel. 071 33 51 82 16 | €*

INSIDER TIPP ▶ **LA FIGA**
Die Nudeln sind lecker, das Ambiente ist unkonventionell – eine der besten Opti-

LOW BUDGET

▶ In Salvador übernachten Sie günstig in der *Pousada Estrela do Mar* in Fußnähe zum Strand. *9 Zi. | R. Afonso Celso, 119 | Barra | Tel. 071 30 22 48 82*

▶ 50 km außerhalb von Salvador, in Arembepe, essen Sie preiswert im *Coló.* Von der Veranda schauen Sie den Fischern zu, wie sie ihre Netze flicken, während Sie die Fisch-*moqueca* genießen. *Tgl. | Praça das Amendoeiras | Tel. 071 36 24 10 58*

onen im Pelourinho-Viertel. *So-Abend geschl.* | *R. das Laranjeiras, 17* | *Pelourinho* | *Tel. 071 33 22 00 66* | €–€€

MISTURA

Das beste Restaurant der Stadt, um Fisch und Meeresfrüchte auf mediterrane Art zu essen, außerdem großartige Pasta, besonders die Spaghetti mit Meeresfrüch-

Maler in einer Galerie am Pelourinho

ten. *Tgl.* | *R. Prof. Sousa Brito, 41* | *Farol de Itapuã* | *Tel. 071 33 75 26 23* | €€–€€€

INSIDER TIPP▶ PARAÍSO TROPICAL

Paradiesisch-tropisch: Probieren Sie einen Meeresfrüchteeintopf nach Art des Hauses, und lassen Sie sich zum Abschluss mit einem Fruchtbankett überraschen. *Tgl., So-Abend geschl.* | *R. Edgard Loureiro, 98* | *Cabula* | *Tel. 071 33 84 74 64* | €€–€€€

RAMMA

Leichte organische Küche vom Büfett im ersten Stock eines Kolonialhauses. Gön-

nen Sie sich hinterher ein Eis schräg gegenüber beim *Glacier Laporte (tgl. 10–20 Uhr)*, dem französischen Eismacher, köstlich! *Nur mittags, So geschl.* | *Praça do Cruzeiro de São Francisco, 7* | *Pelourinho* | *Tel. 071 33 21 04 95* | €

SOHO ☘

Der angesagteste Japaner der Stadt mit toller Lage im Yachthafen. Auf der Terrasse sitzen Sie über dem Meer. *Mo–Mittag geschl.* | *Av. Contorno, 1010* | *Tel. 071 33 22 45 54* | €€

YEMANJÁ

Salvadors beliebteste Adresse für *moqueca,* den Eintopf aus Fisch oder Meeresfrüchten, gekocht in Kokosmilch und Palmöl. *Tgl.* | *Av. Octávio Mangabeira, 4655* | *Jardim Armação* | *Tel. 071 34 61 90 10* | €€

EINKAUFEN

Beim Bummel durchs Pelourinho-Viertel achten Sie auf folgende Läden: die *Casa de Oxum,* die Drucke von Carybé verkauft, auf *Didara* mit Mode im Ethnolook der Designerin Goya Lopes *(beide R. Gregório de Matos)*, auf den Laden der Modedesignerin *Marcia Ganem (R. das Laranjeiras)*, auf die Webarbeiten und Dekomaterialien von *Marta Muniz (R. João de Deus)* sowie auf *Mestre Lua,* wo Sie Trommeln und andere Musikinstrumente erwerben können *(R. Inácio Acciole)*. In der *Fundação Pierre Verger Galeria (zwischen Praça da Sé und Elevador Lacerda)* werden Drucke und Bücher des genialen Fotografen Pierre Verger verkauft.

AM ABEND

In den Bars und Restaurants der Marina trifft sich die Jeunesse dorée zum Sundowner im *Acqua Café* am Pier, im

Café do Forte oder in einem der Restaurants *(Av. do Contorno, 1010 | Bahia Marina)*. Stärker durchmischt ist das Pubikum in Rio Vermelho *(Largo de Santana und Largo da Mariquita)*, das dort bei Acarajé und kaltem Bier in den Abend startet. Im historischen Zentrum trifft man sich auf der ● romantischen *Veranda* des gleichnamigen Boteco am Cruz do Pascoal *(R. Direita de Santo Antônio, 2)*, um entspannt den Sonnenuntergang zu genießen. In Rio Vermelho liegen die meisten Bars und Clubs, ob schick wie der *Ego Club* im Hotel Pestana *(R. Fonte do Boi, 216)* oder alternativer wie der *Espaço Cultural Casa da Mãe (R. Guedes Cabral, 81)*.

INSIDER TIPP ▶ ACONCHEGO DA ZUZU

In der einfachen Bar im Innenhof gibt es Samba und Chorinho, Hausmannskost und kaltes Bier. *Do–So Livemusik ab 20 Uhr | R. Quintino Bocaiúva, 18 | Fazenda Garcia | Tel. 071 33 31 50 74*

INSIDER TIPP ▶ CRAVINHO

In dieser urigen Bar gibt es mit Kräutern angesetzten Zuckerrohrschnaps. Im hinteren Bereich treffen sich Sambistas. *Tgl. | Terreiro de Jesus, 3 | Tel. 071 31 76 42 00*

ÜBERNACHTEN

Sie sollten sich entscheiden: Entweder Sie bleiben im historischen Zentrum, oder Sie suchen sich ein Quartier außerhalb am Strand. Die Fahrzeit von Itapuã ins Zentrum liegt bei rund einer Stunde mit dem Bus, ein Taxi kostet etwa 70 R$.

INSIDER TIPP ▶ ARAM YAMI ☼

Ein Kleinod! Geschmackvoll eingerichtetes Hotel im Pelourinho-Viertel für den besonderen Aufenthalt. *5 Zi. | R. Direita do Sto. Antônio, 132 | Tel. 071 32 42 94 12 | www.hotelaramyami.com | €€€*

CASA DO AMARELINDO

In diesem charmanten Hotel im Pelourinho-Viertel sind die Zimmer schön möbliert, es gibt ein Schwimmbad und das Frühstuck zu jeder gewünschten Tageszeit. *10 Zi. | R. das Portas do Carmo (vorher Alfredo Brito), 6 | Pelourinho | Tel. 071 32 66 85 50 | www.casadoamarelindo.com.br | €€– €€€*

CASA DA VITÓRIA

Ein Boutiquehotel außerhalb des historischen Zentrums im noblen Corredor da Vitória mit schönen Zimmern; das Frühstück wird an einem langen Tisch serviert. *7 Zi. | R. Aloísio de Carvalho, 95 | Vitória | Tel. 071 30 13 20 16 | www.casadavitoria.com | €€*

MAR BRASIL

Wenn Sie Strandurlaub machen wollen, sind Sie hier in der Nähe des Leuchtturms von Itapuã richtig. Zum Komplex gehört das ehemalige Wohnhaus des Dichters Vinícius de Morais, in dem große Zimmer untergebracht sind. *66 Zi. | R. Flamengo, 44 | Farol de Itapuã | Tel. 071 32 85 73 39 | www.marbrasilhotel.com.br | €€*

POUSADA CASA VILA BELA

Die Pousada bietet Ihnen einfache, aber liebevoll eingerichtet Zimmer – einige sogar mit Blick auf die Bucht, genau wie die Frühstücksterrasse –, faire Preise und einen exzellenten Service. *8 Zi. | R. Do Carmo, 46 | Santo Antônio | Tel. 071 32 43 09 09 | www.pousadacasavilabela.com.br | €€*

VILLA DA PRAIA ☼

Moderne Pousada mit herrlichem Schwimmbad direkt am Strand, in der Nähe des Leuchtturms von Itapuã, nicht weit vom Flughafen. *40 Zi. | R. da Brisa, 268 | Pedro do Sal | Tel. 071 35 55 32 00 | www.villadapraia.com.br | €€*

SALVADOR

AUSKUNFT

Infostellen der Bahiatursa in der Altstadt und am Flughafen. Privat organisierte Führungen und Ausflüge in Bahia bietet an *Falko Petzold (falko.petzold@gmx. net | Tel. 071 33 74 04 37, 91 22 57 11).*

ZIELE IN DER UMGEBUNG

INSIDER TIPP **CACHOEIRA/SÃO FÉLIX**
(140 C6) (*M J4*)

Ein Ausflug ins 120 km entfernte Cachoeira (32 000 Ew.) gleicht einer Reise in die koloniale Vergangenheit. Die Stadt am Rio Paraguaçu war einst ein wichtiger Umschlagplatz für Zucker, Tabak und Sklaven. Über die Eisenbrücke kommen Sie nach São Félix, wo Sie im *Centro Cultural Dannemann* beim Zigarrendrehen zuschauen können *(Di–Sa 7–17 Uhr | Av. Salvador Pinto).*

CHAPADA DIAMANTINA ⭐
(140 A6) (*M J4*)

Tafelberge, Tropfsteinhöhlen, Wasserfälle und schmucke historische Städtchen:

Der Nationalpark Chapada Diamantina, 400 km westlich von Salvador, ist eine herrliche Abwechslung zu den Stränden des Nordostens. Hier können Sie wandern und ein kühleres Gebirgsklima genießen. ● In den Nächten können Sie die Sternschnuppen zählen, und Millionen von Sternen glitzern am Firmament. Das von Diamantensuchern gegründete *Lençois* hat seinen Kolonialcharme bis heute erhalten. Das beste Frühstück Brasiliens bekommen Sie in der liebevoll eingerichteten **INSIDER TIPP** *Estalagem de Alcino (8 Zi. | R. Tomba Surrão, 139 | Tel. 075 33 34 11 71 | www.alcinoestalagem.com | €).* Probieren Sie die Slowfood-Küche der *Cozinha Aberta (tgl. | Av. Rui Barbosa, 42 | Tel. 075 33 34 13 21 | €).* Im nahen *Vale do Capão* genießen Sie die freundliche Atmosphäre und den herrlichen Blick in der 🌿 *Villa Lagoa das Cores (12 Zi. | R. da Lagoa | Tel. 075 33 44 11 14 | www. lagoadascores.com.br | €€).*

INSIDER TIPP **ITACARÉ** (137 E6) (*M J4*)
Nach Itacaré (18 000 Ew.) kommt man wegen der Strände und der Wellen. Die

Archaische Landschaft: Tafelberge in der Chapada Diamantina

schönsten liegen außerhalb der Stadt und sind teilweise nur zu Fuß zu erreichen, wie die palmengesäumte *Prainha (45 Min. auf einem Pfad durch den Wald).* Oder Sie bleiben im *Itacaré-Village,* wo Ihnen einer der schönsten Strände zu Füßen liegt *(44 Zi. | Rod. Ilhéus–Itacaré, km 64 | Tel. 073 32 51 24 00 | www.itacare village.com.br | €€€).* Der „Stadtstrand" ist die *Praia da Concha* mit ruhigem Wasser, Strandbars und Pousadas. Bleiben Sie in der schönen *Pousada Vira Canoa (13 Zi. | Tel. 073 32 51 25 25 | www.vira canoa.com.br | €€)* oder der geschmackvollen *Pousada Villa Bella (12 Zi. | Tel. 073 32 51 29 85 | www.pousadavillabella.com. br | €€).* Probieren Sie einen gegrillten Fisch oder Krabben-Moqueca an den Strandbars der Praia da Concha. Besonders empfehlenswert: *Cabana do Amigão* und *Ximbica.* Ein Geheimtipp ist die köstliche „Moqueca da Tia Dete" in dem kleinen, unscheinbaren Restaurant neben der Tankstelle im Zentrum *(Av. Castro Alves | Tel. 073 32 51 23 79 | €).* Hausgemachte Nudeln gibt es im *Recanto das Artes (nur abends | R. Pedro Longo | Pituba | Tel. 073 32 51 24 95 | €).* In der *Casa de Sapucaia* können Sie internationale Küche in nettem Ambiente genießen *(nur abends, So geschl. | R. Lodônio Almeida, 84 | €€).*

Zu den außerhalb der Stadt liegenden Stränden müssen Sie mit dem Auto oder dem Bus fahren: ⭐ *Havaizinho* z. B. ist eine atemberaubend schöne kleine Bucht, die nur 5 Minuten zu Fuß von der Straße entfernt liegt. *Engenhoca* ist in 20 Minuten zu Fuß über einen Trampelpfad zu erreichen.

ILHA DE TINHARÉ/ILHA DE BOIPEBA
(140 C6) *(🗺 J4)*

Mit dem Katamaran kommen Sie in 2 Std. aus dem Stadtzentrum Salvadors auf die *Ilha de Tinharé,* eine autofreie Insel mit dem lebhaften Hauptort *Morro de São Paulo* und kilometerlangen Stränden. Wer es ganz ruhig mag, wird die noch etwas weiter südlich liegende Insel Boipeba lieben – mit ihren von Palmen gesäumten Stränden und den einfachen Pousadas. Beide Inseln gehören wie die *Península de Maraú* zu einem Gebiet, das als Küste des Dendê bezeichnet wird – eine Region mit Palmölplantagen, tropischen Früchten und überwiegend afrobrasilianischer Bevölkerung – paradiesisch schön und noch recht ursprünglich. *Morro* hat viele Pousadas, Restaurants und ein reges Nachtleben. Abseits vom Trubel bleiben Sie in der 🌿 *Pousada Colibri* mit Panoramablick, Pool und freundlichen deutschen Gastgebern *(Tel. 075 36 52 10 56 | www.pousada-colibri.com | €).* In der Nähe des Dorfes liegt am Dritten Strand die geschmackvolle 🌿 **INSIDER TIPP** *Pousada Minha Louca Paixão* mit einem wunderbaren Blick aufs Meer, mit Pool und schönen Zimmern *(24 Zi. | Terceira Praia | Tel. 075 36 52 10 98 | www.minhaloucapai xao.com.br | €€).*

Die *Ilha de Boipeba* ist bis heute ein verträumter Ort geblieben. Eine schöne Strandwanderung führt von Boipeba nach Moreré. Unterwegs können Sie im *Mar e Coco* eine Krabben-Moqueca mit Banane essen *(tgl., nur mittags | Praia de Moreré | €).* Am Abend gibt es kreative Küche im geschmackvollen Ambiente des Restaurants *Santa Clara,* auch Pousada *(nur abends, Mo geschl. | Boca da Barra | Tel. 075 36 53 60 85 | €).* Übernachten Sie in den bunten Holzhäusern der 🔴 *Pousada Vila Sereia* mit Blick auf die Ilha de Tinharé direkt am Strand *(4 Zi. | Boca da Barra | Tel. 075 36 53 60 45 | www.vilasereia.com.br | €€)* oder in der *Boipeba Ecolodge* mit Pool, Restaurant und Anleger *(13 Zi. | Tel. 075 99 79 30 77 | www.boipebaecolodge.com.br | €–€€).*

PORTO SEGURO, ARRAIAL D'AJUDA, TRANCOSO (139 F1) (*J5*)

Im Süden Bahias, 700 km von Salvador entfernt, liegt *Porto Seguro*, der Ort in dessen Nähe die portugiesischen Seeleute erstmals brasilianischen Boden betraten. Aus dem Fischerdorf wurde der meistbesuchte Ferienort Brasiliens, in dessen Strandbars das ganze Jahr über Party ist. Ruhiger wird es von Porto Seguro nach Norden in Richtung *Sto. André.* Richtung Süden über den Fluss liegt *Arraial d'Ajuda* mit vielen hübschen Pousadas und Restaurants sowie einer beeindruckenden Steilküste. Die schönsten Strände und luxuriösesten Pousadas gibt es in und um *Trancoso,* dessen Dorfplatz *Quadrado* seinen ursprünglichen Charme bewahrt hat. Hier essen Sie Fisch im Restaurant *Capim Santo (nur abends, So geschl.).* Im Grünen übernachten Sie in der *Pousada do Bosque,* morgens gibt's ein reichhaltiges Frühstück *(18 Zi. | R. Caminho da Praia, 5 | Tel. 073 36 68 10 40 | www.bosquetrancoso.com.br | €–€€).*

PRAIA DO FORTE, IMBASSAÍ (141 D6) (*J4*)

Aus dem 90 km von Salvador entfernten Fischerdorf Praia do Forte ist ein sympathischer Ferienort mit Pousadas geworden. Die *Pousada Farol das Tartarugas* hat zwar kleine Zimmer, liegt aber direkt am Strand *(13 Zi. | R. Martim Pescador | Tel. 071 36 76 15 12 | www.faroldastartarugas.com.br | €€€),* genau wie die *Pousada Porto da Lua,* die eher ein Hotel ist *(26 Zi. | R. Martim Pescador | Tel. 071 36 76 11 55 | www.portodalua.com.br | €€).* Schön dekoriert sind die Zimmer der Pousada *Rosa dos Ventos (6 Zi. | Al. da Lua | www.pousadarosadosventos.com.br | €€).* Besuchen Sie das Schildkrötenprojekt *Tamar,* das hier seinen Hauptsitz hat *(s. „Mit Kindern unterwegs").* Im nahe gelegenen *Imbassaí* geht es noch

gemächlich zu. Hier fließt ein Fluss ins Meer, auf der Düne dazwischen liegen die Strandbars. Die beste *moqueca* gibt es im Schatten eines Mangobaumes im *Sombra da Mangueira,* einen Ort weiter *(tgl. 10–17 Uhr | Vila do Diogo | Linha Verde, km 68 | €).* Wer es ganz ruhig mag, ist richtig in den Bungalows des *Coco Beach* am Meer bei Sitio do Conde *(22 Zi. | Estrada da Barra do Hariri | Tel. 073 34 49 11 71 | www.cocobeach.ch | €–€€).*

SÃO LUÍS

(136 C3) (*H2*) **Durch die Gassen der historischen Altstadt von São Luís mit über 3500 unter Denkmalschutz stehenden Häusern hallen Reggaerhythmen oder die Trommelklänge der Bumba-meu-Boi-Gruppen.**

Die von den Franzosen gegründete Hauptstadt des Bundesstaates Maranhão ist trotz der Größe (986 000 Ew.) eine Provinzstadt geblieben. Maranhão, so groß wie Frankreich, ist durch den Abbau von Eisenerz reich geworden. Der Reggae hat seit den 70er-Jahren die Herzen der Einwohner erobert, die dazu auch als Paar tanzen. Auf der anderen Seite des Rio Anil liegt der moderne Teil der Stadt mit Hotels, Restaurants und Stränden.

SEHENSWERTES

Außer dem *Palácio dos Leões,* dem alten Fort *(Av. D. Pedro II.),* gibt es mehrere prächtige Kolonialgebäude, in denen heute Kulturzentren und Museen untergebracht sind, wie das *Museu Histórico e Artístico do Maranhão* und das *Museu de Arte Sacra,* wo Sie einen Eindruck vom Leben der Kolonialherren bekommen *(Di–So 9–17.30 Uhr | 5 R$ | R. do Sol, 302).* Die *Casa da Festa (Di–So 9–18 Uhr | 2 R$ | Rua* do Giz, 221) zeigt Objekte und Kleider des Candomblé-ähnlichen *Tambor-de-Mina*.

Antigamente im Herzen der Altstadt *(So geschl. | R. da Estrela, 220 | €).*

ESSEN & TRINKEN

CABANA DO SOL

Carne do sol, das sonnengetrocknete Fleisch, sollten Sie probieren. *Tgl. | R. J. Damasceno, 24° | Farol de São Marcos | Tel. 098 32 35 25 86 | €–€€*

ÜBERNACHTEN

POUSADA PORTAS DA AMAZÔNIA

Stilvolle Pousada in schön restauriertem Haus. *36 Zi. | R. do Giz, 129 | Tel. 098 32 22 99 37 | www.portasdaamazonia. com.br | €€*

Fast eine Million Einwohner und dennoch ein beschauliches Städtchen: São Luis

MARANCANGALHA

Cuxá ist eine Mischung aus Maniokmehl, Kräutern und getrockneten Krabben, die unter den Reis gemischt wird. Dazu gibt es gegrillten Fisch und Meeresfrüchte. *So-Abend geschl. | R. Mearim, 13 | Renascença II | Tel. 098 32 35 93 05 | €–€€*

AM ABEND

Reggae gibt es in der *Bar do Nelson (Sa ab 21 Uhr | Av. Litorânea | Calhau)* und in der *Bar do Porto (Mi ab 20 Uhr | R. do Trapiche).* Kaltes Bier und Kleinigkeiten unter Mangobäumen gibt es im

ZIEL IN DER UMGEBUNG

LENÇOIS MARANHENSES

(137 D3) *(∭ H–J2)*

An ausgebreitete Laken erinnert das Bild aus der Luft. In den Senken der Sanddünen des 270 km entfernten Nationalparks *Lençois Maranhenses* sammelt sich in der Regenzeit das Wasser. In Barreirinhas gibt es inzwischen mehrere Unterkünfte, wie die Pousada *Sossego do Cantinho (4 Chalets | R. Principal, 2 | Tel. 098 33 49 07 53 | www.sossego-do-can tinho.com.br | €).* Organisierte Touren von São Luís aus

AMAZONIEN

Schon Stunden bevor das Flugzeug zur Landung in Manaus ansetzt, breitet sich der Regenwald aus wie ein riesiger Brokkoli, zerschnitten von mäandernden Flüssen – keine Straße, keine größere Ansiedlung ist zu sehen.

Der Amazonas-Regenwald bedeckt die Hälfte Brasiliens, ein Gebiet mehr als zehnmal so groß wie Deutschland. Der wichtigste Transportweg in dieser Wildnis ist der Fluss. Die Portugiesen errichteten Festungen an der Mündung des Amazonas in Belém, an der engsten Stelle in Óbidos und in Manaus am Zusammenfluss des Rio Negro mit dem Rio Solimões. Ab Ende des 19. Jhs. brachte der Kautschukboom der Region Reichtum. Gold, Rohstoffe und Tropenhölzer ziehen noch immer Glücksritter an. Wer in das Amazonasgebiet reist, möchte den Urwald erleben. Das geht am besten bei einem Aufenthalt in einer Lodge, einem Hotel im Dschungel. Die meisten Lodges erreichen Sie von Manaus aus, die schönste Stadt Amazoniens aber ist Belém am südlichen Amazonasdelta.

BELÉM

(136 B2) (*G2*) **Die Hauptstadt (1,4 Mio. Ew.) des Bundesstaates Pará zeugt mit ihren vornehmen Belle-Époque-Bauten und den schattigen Plätzen vom einstigen Reichtum der Kautschukzeit.** Restaurierung und Revitalisierung der ab Mitte des 20. Jhs. verfallenen Stadt haben Belém mit neuen Parkanlagen,

---

Der verblichene Glanz vergangener Boom-zeiten verbindet sich mit aufregender Urwaldatmosphäre

Museen und Vergnügungsmeilen heute zu einem touristischen Kleinod gemacht, das sich auch zu Fuß gut entdecken lässt. Aber: In der Dunkelheit und besonders am Wochenende, wenn die Stadt leerer ist, muss man in den kleineren, dunkleren Straßen des Zentrums vorsichtig sein.

SEHENSWERTES

BOSQUE RODRIGUES ALVES II.
Beim Spaziergang durch den ursprünglichen Regenwald des botanischen Gartens bekommt man einen Eindruck von der Flora und Fauna Amazoniens. *Di–So 8–17 Uhr | 2 R$ | Av. Almirante Barroso, 2305*

FORTE DO CASTELO ☀
Hier wurde die Stadt gegründet. Von der ersten Festung, die die Portugiesen 1616 zum Schutz der Amazonasmündung bauten, haben Sie einen schönen Blick auf den Fluss, den gegenüberliegenden Ver-o-Peso-Markt und die koloniale Altstadt mit ihren gefliesten Fassaden

und zierlichen Balkonen, die sich land-
einwärts ausbreitet. Zu Füßen des Forts
liegt die *Feira do Açaí*, wo die Boote aus
dem Flussdelta schwerbeladen mit den
dunkel-lila farbenen Palmfrüchten anle-
gen. Im gesamten Amazonasgebiet wird
die proteinhaltige Fruchtgrütze *açaí* gern
als Beilage zum Fisch gegessen, oft ange-
reichert mit Maniokflocken. Im übrigen

Händler auf dem
Ver-o-Peso-Markt

Brasilien hat sich Açaí als Süßspeise mit
Bananen und Müsli durchgesetzt. Das
Museu do Encontro beherbergt indiani-
sche Objekte und Zeugnisse der portugie-
sischen Kolonisation im Amazonasgebiet.
*Di–Fr 10–18, Sa/So 9–13 Uhr | 2 R$ | Praça
Frei Caetano Brandão, 117*

MANGAL DAS GARÇAS

Ein Erlebnis ist der Besuch des 4 ha gro-
ßen Parks am Flussufer des Rio Guamá.
Von dem auf dem Gelände liegenden
☼ Leuchtturm hat man einen großar-
tigen Blick auf Belém. Im Park gibt es
Volieren, einen Orchideenpavillon, das

Museu Amazônico sowie einen Laden
für Kunsthandwerk. Das Restaurant ☼
Manjar das Garças lohnt wegen des
phantastischen Ausblicks und der interes-
santen Küche (*So-Abend und Mo geschl. |
€€*). *Di–So 9–18 Uhr | Eintritt frei, Besuch
der Attraktionen je 3 R$ | Pass Carneiro
da Rocha, s/n*

MUSEU PARANAENSE EMÍLIO GOELDI ●

Das 1866 gegründete Forschungszent-
rum ist bis heute führend in der Amazo-
nasforschung. Ein Besuch lohnt nicht nur
wegen der interessanten archäologi-
schen und indianischen Objekte, sondern
auch wegen des zoologisch-botanischen
Gartens. *Di–Fr 9–11.30, 14–17, Sa/So 9–17
Uhr | 3 R$ | R. Magalhães Barata, 376*

TEATRO DA PAZ

Die Mailänder Scala war Vorbild für das
neoklassizistische Gebäude am Kopfende
der von Mangobäumen gesäumten *Praça da República*. Wie in Manaus hatte
auch hier der Kautschukboom Ende des
19. Jhs. für unermesslichen Reichtum
gesorgt und architektonische Stilblüten
getrieben. *Besichtigung Di–Fr 9–17, Sa
9–12 Uhr | 4 R$ | R. da Paz*

VER-O-PESO-MARKT ★

Tucunaré, Pirarucu, Dourados – Fische,
einer größer als der andere, werden täg-
lich frisch in den Markthallen angeboten.
Hunderte von Ständen mit tropischen
Früchten, Wurzeln und Kräutern grup-
pieren sich um die Stahlkonstruktionen,
die während des Kautschukbooms aus
Europa importiert wurden. An den zahlreichen Essständen können Sie einhei-
mische Spezialitäten probieren wie *açaí,
maniçoba*, ein an Grünkohl erinnernder
deftiger Eintopf aus gemahlenen Maniokblättern, oder die sämige Suppe
tacacá (siehe S. 77).

ESSEN & TRINKEN

HIKARI SUSHI
In Pará lebt die zweitgrößte japanische Kolonie Brasiliens. Zu den besten Adressen gehört dieses Restaurant im Zentrum. *Tgl. | Av. Serzedelo Correa, 210 | Tel. 091 32 41 03 28 | €– €€*

LÁ EM CASA
Paranensische Kochkunst mit Tradition; ein Menü führt in die Tiefen der exotischen Küche ein. Seit kurzem gibt es eine Filiale an den Docks. *Tgl. | R. José Malcher, 247 | Tel. 091 32 42 42 22 | €€*

INSIDER TIPP ▶ SORVETERIA CAIRU
Die verschiedenen Eissorten aus Tropenfrüchten, deren Namen schon im Rest Brasiliens kaum jemand kennt, können Sie in der besten Eisdiele der Stadt bedenkenlos probieren. *Filialen im ehemaligen Gefängnis São José, an der Estação das Docas und beim Forte do Castelo*

INSIDER TIPP ▶ TACACÁ ●
Am Nachmittag öffnen die Stände, an denen *tacacá* verkauft wird. Tacacá ist eine Suppe aus dem gelblichen Tucupisaft und dickflüssiger, durchsichtiger Goma. Beides entsteht beim Pressen von Maniokwurzeln. Gekocht mit Jambublättern und Krabben, wird die Suppe heiß in einer Kokosschale serviert, abgeschmeckt mit Koriander und Chili. Wundern Sie sich nicht, wenn Lippen und Zunge kribbeln, das kommt von den Jambublättern. Als die besten *tacaceiras* der Stadt gelten *Dona Maria do Carmo* vor dem Colégio Marista auf der Av. Nazaré und *Dona Miloca* vor dem Goeldi-Museum *(beide €)*.

EINKAUFEN
Vasen und Gefäße im Stile präkolumbischer Töpferarbeiten der Insel Marajó gehören zu den originellen Handwerksarbeiten, die in den Andenkenläden angeboten werden. Indianisches Kunsthandwerk wie Federschmuck, Ketten aus Samen und Nüssen, Flechtwerk und diverse Gebrauchsgegenstände gibt es bei *Artíndia (Mo–Fr 9–18 Uhr | Av. Pres. Vargas, 762)*.

AM ABEND

INSIDER TIPP ▶ BOTECO DAS ONZE JANELAS ☼
Das in der ehemaligen Residenz eines Zuckerbarons untergebrachte Barrestaurant ist eine der charmantesten Adressen der Stadt, herrlicher Blick von der Terrasse. Im Haus ist auch brasilianische Gegenwartskunst ausgestellt. *Mo–Mittag geschl. | €€*

★ **Ver-o-Peso-Markt**
Beléms exotischer Markt verleitet zum Probieren, Schauen und Staunen → S. 76

★ **Teatro Amazonas**
Italienischer Marmor und französische Gemälde bilden den Rahmen für große Oper in Manaus → S. 80

★ **Regenwald**
Frischer Fisch und warme Duschen in einer Urwaldlodge im tiefsten Dschungel Amazoniens → S. 81

★ **Bootstouren auf dem Amazonas**
Unvergessliche Eindrücke: die Farbenpracht des Himmels, die sich im glatten Wasser spiegelt → S. 83

MARCO POLO HIGHLIGHTS

COSA NOSTRA CAFFÈ
Lebhaft, mit guter Livemusik ab 22 Uhr, italienische Küche. *Trav. Benjamin Constant, 1449 | Nazaré*

ESTAÇÃO DAS DOCAS
Die renovierten Lagerhallen am Fluss profitieren abends von der kühlen Brise am Wasser. In den Restaurants gibt es regionale Spezialitäten, aber auch Pasta und Pizza. Die meisten Bars bieten Do–Sa Livemusik.

ÜBERNACHTEN

MACHADO'S PLAZA
Kleineres Hotel in guter Lage mit modernen Zimmern, auf dem Dach gibt es einen Minipool, freundlicher Service. *36 Zi. | R. Henrique Gurjão, 200 | Tel. 091 40 08 98 00 | www.machados plazahotel.com.br | €€*

LE MASSILIA
Einfache Pousada mit rustikalen Zimmern und einem Schwimmbad im Garten. Zu Fuß erreichen Sie von hier die wichtigsten Sehenswürdigkeiten. Der französische Besitzer betreibt auch ein Restaurant. *17 Zi. | R. Henrique Gurjão, 236 | Tel. 091 32 22 28 34 | www. massilia.com.br | €*

TULIP INN NAZARÉ
Eines der neueren Hotels im Zentrum von Belém bietet seinen Gästen freundliche Zimmer, einen hübschen Pool und eine angenehme Lobby und Frühstücksräume. *100 Zi. | Av. Nazaré, 569 | Nazaré | Tel. 091 33 21 71 77 | www.goldentulip. com | €€*

AUSKUNFT

PARATUR
Praça Waldemar Henrique/Av. Assis de Vasconcelos (sowie Außenstelle am Flughafen) | Tel. 091 32 42 11 18 | www. paraturismo.pa.gov.br

ZIELE IN DER UMGEBUNG

MARAJÓ (136 B2) (⌖ G1–2)
Die größte Flussinsel der Welt von der Größe der Schweiz liegt in der Amazonasmündung. Im Westen ist sie von Dschungel bedeckt, in den Savannen grasen Wasserbüffel. Die Keramik der früher hier lebenden Marajó-Indianer gilt als Dokument präkolumbischer Kunst. Im Umkreis der Hauptstadt Soure liegen schöne Flussstrände wie *Araruna* oder *Barra Velha*. Übernachten können Sie z.B. im *Paracauary Eco Resort (6 Zi. | Av. Prado, 6 | Tel. 091 37 41 11 22 | www. paracauary.com.br | €).*

MOSQUEIRO (136 B2) (⌖ G2)
Die besten Strände liegen 70 km nordöstlich von Belém bei Mosqueiro. Alle 30 Min. fährt ein Bus ab Busbahnhof. Wem ein Tagesausflug zu stressig ist, der kann auch übernachten; es gibt Hotels und Pensionen.

LOW BUDGET

▶ Haben Sie schon einmal rosa Flussdelphine gefüttert? Das können Sie in Novo Airão, das 150 km von Manaus stromaufwärts am Südufer des Rio Negro liegt und über eine gute Straße zu erreichen ist. Dona Marilda, die Besitzerin der *Pousada Bela Vista (Tel. 092 33 65 10 23)*, hatte die Idee, die rosa Schnabeldelphine mit Fisch anzulocken. Und die Übernachtung kostet nur günstige 20–30 Euro pro Nacht.

MANAUS

(135 D3) ( E2) **Die Ankunft in der Stadt ist eher enttäuschend: der Flughafen kaum mehr als eine Landebahn, der Autoverkehr im Dauerstau, die Stadt eine Aneinanderreihung gesichtsloser Wohnviertel, Militärsiedlungen und Industriekomplexe.**

Negra wird derzeit das architektonisch wohl schönste Stadion für die Fußball-WM gebaut, die *Amazonas-Arena*.

SEHENSWERTES

HAFEN UND MARKT

Der Hafen mit seinen schwimmenden Anlegern, an denen Boote aus dem gesamten Amazonasgebiet zum Be- und

Manche haben schon bessere Tage gesehen: Flussdampfer im Hafen von Manaus

Manaus (1,8 Mio. Ew.) ist die Hauptstadt des größten brasilianischen Bundesstaates: Amazonas – gut viermal so groß wie Deutschland. Nicht Flugzeug oder Auto bestimmen das Leben der Menschen, sondern der rege Schiffsverkehr. Von der turbulenten Hafen- und Marktgegend kommt man ins alte Zentrum mit dem Opernhaus, in dessen Nähe die wenigen restaurierten Straßenzüge liegen. Die wohlhabenden Manauenser haben sich außerhalb der Stadt, in Ponta Negra, Apartments gekauft. Der 12 km vom Zentrum entfernte Strandvorort ist an den Wochenenden ein beliebtes Ausflugsziel. Zwischen Flughafen, Zentrum und Ponta

Entladen festmachen, bildet das pulsierende Herz von Manaus. Zum Hafenkomplex gehören u. a. das *Zollhaus*, das Stein für Stein aus England importiert wurde (R Marquês de Sta. Cruz, s/n) und die weiter flussabwärts gelegenen Markthallen. Das Eisengerüst des *Mercado Municipal*, die zzt. restauriert werden. (R. dos Barés, 46 | Centro).

INSIDER TIPP ▶ MUSEU DE CIÊNCIAS NATURAIS DA AMAZÔNIA

Nach dem Besuch des Privatmuseums zweier Sammler, die ihre ebenso umfangreiche wie skurrile Fisch- und Insektenkollektionen ausstellen, springt man nicht mehr unbekümmert ins Flusswasser. *Mo–Sa 9–17 Uhr | 12 R$ | Estr. Belém, s/n | Col. Cachoeira Grande, Aleixo*

TEATRO AMAZONAS ★
Das vielleicht schönste Opernhaus der Welt ist das Wahrzeichen von Manaus

ESSEN & TRINKEN

INSIDER TIPP ▶ **CANTO DA PEIXADA**
Familiäres Fischrestaurant an einer Straßenecke mit Tischen auf dem Bürgersteig; gilt als die beste Adresse für Amazonasfische in Manaus. *So-Abend*

Prachtvolle Kuppel des Teatro Amazonas von Manaus

und ein Sinnbild der Epoche des sagenhaften Kautschukbooms: italienischer Marmor, englisches Schmiedeeisen und französische Gemälde wurden eigens aus Europa importiert – nur die Hölzer kamen aus Brasilien. Der Platz am Opernhaus mit seinen Bars und Geschäften ist am späten Nachittag eine Art Treffpunkt geworden. Jedes Jahr im Mai gibt es ein legendäres Opernfestival, zu dem Opernfreunde aus aller Welt anreisen *(www. amazonasfestivalopera.com)*. Angeregt davon wird inzwischen jeden Juli auch ein Jazzfestival veranstaltet *(www.festi valamazonasjazz.com.br)*. *Mo–Sa 9–17 Uhr | 10 R$ | R. Tapajós, s/n | Praça São Sebastião, Centro*

geschl. | R. Emílio Moreira, 1677 | Tel. 092 32 34 30 21 | €€

CHOUPANA
Gemütliches Restaurant mit Gerichten aus dem Amazonasgebiet wie *Pato no Tucupi* (Ente in Tucupisaft) und Fisch, *So-Abend und Mo geschl. | R. Mário Ypirana Monteiro, 790 | Adrianópolis | Tel. 092 36 35 38 78 | €€*

PEIXARIA PORAQUÊ
Einfaches, offenes Fischrestaurant: Amazonasfische gegrillt, gebraten oder als Eintopf. *Tgl. | R. Raimundo Nonato Castro, 350 | Santo Agostinho | Tel. 092 36 58 54 86 | €*

SORVETERIA GLACIAL

Das Eis aus Tropenfrüchten wie *cupuçu, açaí* oder anderen sollte man unbedingt einmal probieren. Diese Geschmacksrichtungen werden Sie zu Hause nicht wieder bekommen. Es gibt mehrere Filialen in der Stadt: an der *Praça da Matriz,* der *Av. Eduardo Ribeiro,* in *Ponta Negra* oder im *Amazonas Shopping Center.*

INSIDER TIPP **TACACÁ DE GISELA**

Ab dem späten Nachmittag bilden sich Schlangen von hungrigen Menschen, die geduldig darauf warten, dass Gisela ihre Tacacá-Töpfe mit der heißen, scharfen Suppe aus Manioksaft, Jambublättern und Krabben anschleppt. An manchen Tagen gibt es dazu Livemusik auf dem Platz vor dem Teatro Amazonas. *Largo São Sebastião | Centro | Tel. 092 88 01 49 01 | €*

EINKAUFEN

Kunsthandwerk wie Flechtwaren, Schmuck und geschnitzte Kalebassen gibt es sonntagmorgens an den Flohmarktständen der Av. Eduardo Ribeiro, in den Andenkenläden der Museen, in Geschäften in der Nähe des Opernhauses sowie bei der *Central de Artesanato Branco e Silva (R. Mário Ypiranga Monteiro, 1999 | Parque 10).* Die staatliche Indinanerbehörde *FUNAI* bietet indianisches Kunsthandwerk in der *Loja da Artíndia* an *(R. Guilherme Moreira/Praça Tenreiro Aranha | Centro).*

FREIZEIT & SPORT

ANGELN

Als beste Zeit zum Fischen in den Flüssen der Amazonasregion gilt die Trockenzeit von Juli bis Dezember. Angelreisen bietet z. B. der deutsche Biologe Heinz Boeckler an *(www.gaponga.de).*

AM ABEND

AÇAÍ & COMPANHIA

Typisches Barrestaurant mit gezapftem Bier und Essen. Hier gibt es das beste *açaí* der Stadt. Fr/Sa abends Livemusik. *R. Acre, 98 | Vieralves | Tel. 092 36 35 36 37*

BAR DO ARMANDO

In der Nähe des Opernhauses gelegen, am Wochenende mit Livemusik. *So geschl. | R. Dez de Julho, 582*

ÜBERNACHTEN

BLUE TREE PREMIUM

Zwischen Zentrum und Flughafen in einem Viertel mit vielen Bars und Restaurants in der Nähe eines Shoppingcenters liegt das neue Hotel mit angenehm hellen Zimmern und Schwimmbad auf dem Dach. *174 Zi. | Av. Umberto Calderaro, 817 | Adrianópolis | Tel. 092 33 03 20 00 | www.bluetree.com.br | €€*

GO INN

Neues Hotel in Fußnähe vom Teatro Amazonas; kleine, aber saubere Zimmer. *215 Zi. | R. Monsenhor Coutinho, 560 | Tel 092 33 06 26 00 | www.atlanticahotels. com.br | €*

INSIDER TIPP **MAGUIRE'S GUESTHOUSE**

Hübsche Pousada mit Pool im Grünen, Nähe Flughafen und Flussufer. Guter Service, Transfer zum Flughafen tagsüber kostenlos. *2 Zi. | R. Modolva, 28 | Jardim Friburgo | Tarumã | Tel. 092 32 39 02 82 | www.maguirenet.com | €€*

URWALDLODGES

Die meisten Touristen möchten den ⭐ *Regenwald* einmal hautnah erleben. Deshalb sind seit den 1990er-Jahren im Umkreis von Manaus mehrere Dutzend

Unterkünfte gebaut worden – vom Fünf-Sterne-Hotel bis zur rustikalen Lodge. Normalerweise bleiben die Gäste mehrere Tage in einer Lodge (immer mit Vollpension), da die Anreise oft schon einen halben Tag in Anspruch nimmt. Während des Aufenthalts werden von ortskundigen Führern diverse Aktivitäten wie Bootstouren, Dschungelwanderungen, Kaiman-Spotting und Piranha-Angeln angeboten. Der Aufenthalt ist wegen der aufwändigen Logistik recht teuer, aber auf eigene Faust kann man den Urwald nun mal nicht erkunden. Bei der Auswahl der Lodges waren u. a. die Distanz zu Manaus (je dichter an der Stadt, desto größer die Auswirkungen der Zivilisation), die Größe (keine Massenunterkunft) sowie die Bandbreite der Möglichkeiten entscheidend.

AMAZON TUPANA LODGE
(135 D3) (*M E2*)

Die Lodge liegt am Rio Tupana südlich von Manaus. Der größte Teil der vier-stündigen Anreise wird mit dem Kleinbus zurückgelegt. Dafür werden Sie belohnt mit authentischer Athmosphäre. Gegessen wird im Pfahlbaurestaurant. *12 Zi. | Tel. 092 36 54 68 53 | www.amazontupanalodge.com.br | €€€*

ANAVILHANAS (135 D3) (*M E2*)

Die Lodge liegt 160 km entfernt bei Novo Airão am Anavilhanas-Fluss-Archipel am linken Ufer des Rio Negro. Geschmackvoll eingerichtete Holzbungalows mit Warmwasser und Aircondition, Pool mit Panoramablick, 3 Std. von Manaus mit Fähre und Auto. *20 Zi. | Tel. 092 33 65 10 42 | www.anavilhanaslodge.com | €€€*

INSIDER TIPP CRISTALINO JUNGLE LODGE (135 E5) (*M F3*)

Rund 800 Km südlich von Manaus im südlichen Teil des Amazons-Regenwalds liegt eine der schönsten Dschungel-Lodges Brasiliens. *Flug bis Alta Floresta, dann mit Auto und Boot | Tel. 019 35 21 22 21 | www.cristalinolodge.com.br | €€€*

Ins weit verzweigte Flusssystem des Amazonasgebiets dringt man nur mit dem Schiff vor

INSIDER TIPP **JUMA LODGE** ☀
(135 D3) (*m E2*)

Die rustikalen, aber großzügigen Holz-
hütten bieten einen schönen Blick auf
den See. Die Anlage besteht aus Pfahl-
bauten, die mit schwebenden Stegen
verbunden sind. Wegen des hohen
Säuregehalts des Seewassers gibt es
kaum Mücken, 3 Std. von Manaus. *20
Zi. | CEASA-Hafen, Richtung Süden | Tel.
092 32 32 27 07 | www.jumalodge.com.
br | €€€*

INSIDER TIPP **MAMIRAUÁ INSTITUT/
UACARI LODGE** (134 C3) (*m D2*)

Auf halbem Weg von Manaus zur ko-
lumbianischen Grenze den Rio Solimões
flussaufwärts geht's von Tefé *(1 Flug-
stunde von Manaus | Rico Linhas Aereas)*
2 Std. mit dem Boot hinein in das Ma-
mirauá-Reservat, die größte geschützte
Flussaue Brasiliens. In der komfortablen
schwimmenden Unterkunft lernen Sie
viel über das Ökosystem Amazonien
und haben Gelegenheit, mit den Wis-
senschaftlern zu diskutieren. *10 Zi. | Tel.
097 33 43 41 60 | www.uakarilodge.org.
br | €€€*

AUSKUNFT

CENTRAL DE ATENDIMENTO AO TURISTA

*Im Flughafen (Tel. 0800 2 80 88 20),
am Hafen (Armazém 07), im Amazo-
nas-Shopping-Center, im Stadtzentrum
nahe des Opernhauses (Av. Ed. Ribei-
ro, 666 | Tel. 092 32 36 51 54). www.
amazonastur.am.gov.br*

ZIELE IN DER UMGEBUNG

BOOTSTOUREN AUF DEM AMAZONAS ⭐

Das „Zusammentreffen der Gewässer"
des dunklen Rio Negro und des milchig-
braunen Rio Solimões, die kurz hinter
Manaus den Rio Amazonas bilden, ist
ein beliebter Tagesausflug. Über 10 km
fließt das Flusswasser aufgrund unter-

Farbenprächtiger Urwald-
bewohner: der Ara

schiedlicher Temperatur, Dichte und
Strömung stromabwärts, ohne sich zu
mischen. Mit zwei- oder dreistöckigen
Amazonasschiffen sind auch mehrtägige Touren möglich. Zum Programm
gehören Ausflüge mit kleineren Booten,
Dschungeltouren und Angelstopps. Empfehlenswert ist *Amazon Clipper Tours (R.
Sucupiras, 249 | Tel. 092 36 56 12 46 |
www.amazonclipper.com.br)*, ein erfah-
rener Anbieter mit weitgefächertem
Programm und großer Bootsauswahl.
Während der 3–5 Tage dauernden Schiff-
fahrt von Manaus nach Belém *(200–300
R$)* sehen Sie nicht viel mehr als braune
Fluten und das Treiben auf dem Boot. Tickets gibt es an der *Estação Hidroviária*
in Manaus, am *Terminal Hidroviário* in
Belém oder über eine Agentur.

DER WESTEN

Brasília, die moderne Hauptstadt des Landes, ist das Eingangstor zum brasilianischen Westen. Die kühne Architektur der Stadt vom Reissbrett kontrastiert mit der Wildnis dieses Teils Brasiliens, wo neuzeitliches Agrobusiness auf unberührte Natur stößt.

Hier trifft der südliche Amazonas-Regenwald auf die Überschwemmungsgebiete des Pantanal, der vielleicht besten Region Lateinamerikas, um Tiere in freier Wildbahn zu beobachten. In den bergigen Hochplateaus stürzt das Wasser aus über 100 m in die Tiefe, in den Flüssen ist es kristallklar mit Sichtweiten bis zu 30 m.

CITY WOHIN ZUERST?

Praça dos Três Poderes: Am Platz der Drei Gewalten liegen die Gebäude der Legislative, Exekutive und Jurisdiktion. Lassen Sie diesen kühnen Plan für das Brasilien der Zukunft als erstes auf sich wirken. Machen Sie dann eine Stadtrundfahrt mit dem Taxi oder dem grünen Touristenbus (Abfahrt am *Shopping Brasília*).

BRASÍLIA

(139 D1) (*G–H5*) ⭐ Einer Vision verdankt diese Stadt ihren Ursprung: Präsident Juscelino Kubitschek träumte in den 1950er-Jahren von einer modernen Hauptstadt für das tropische Wirt-

---

Bild: Oscar Niemeyers Kathedrale von Brasília

Der wilde Westen und die künstliche Kapitale: Hier faszinieren die futuristische Hauptstadt Brasília und das Naturparadies Pantanal

schaftswunderland, gelegen auf dem zentralen Hochland, dem Planalto.

Zwei Corbusier-Schüler, der Stadtplaner Lúcio Costa und der Architekt Oscar Niemeyer, verwirklichten den Traum einer futuristischen Metropole. Nur vier Jahren dauerte es, bis 1960 eine Stadt eingeweiht wurde, die bis heute in der Kühnheit ihres Projekts einzigartig ist: eine Hauptstadt, gebaut für den Autoverkehr, mit strenger Aufteilung der Lebens- und Arbeitsbereiche und identischen Wohnvierteln, eine Stadt, in der sich der

Mensch der Planung und Organisation unterwerfen sollte.

Von oben betrachtet ist die Anlage Brasílias am besten zu verstehen: Deutlich ist die Silhouette eines Flugzeugs zu erkennen, der *Plano Piloto*. Eine gerade Ost-West-Achse, genannt *Eixo Monumental*, bildet den Flugzeugkörper, an die rechts und links die Tragflächen angesetzt sind. An der Flugzeugspitze, dem östlichen Ende des Eixo Monumental, liegt das Cockpit: die Regierungsgebäude, die *Esplanada dos Ministérios* und der Präsidentenpalast. Die gebogene Nord-Süd-Straße, der *Eixo Rodoviário,* bildet die Mitte der zwei Tragflächen, genannt *Asa Norte* und *Asa Sul.* Hier befinden sich die Wohngebiete und die nach Funktionen geordneten Stadtsektoren: Banken-, Hotel- oder Botschaftssektor. An der Stelle

CATEDRAL METROPOLITANA NOSSA SENHORA APARECIDA

16 weiße Betonbögen bilden eine nach oben geöffnete Blüte, daneben steht der Glockenturm. In dem lichtdurchfluteten,

Das Hochhaus scheint aus der Schüssel zu wachsen: das Parlamentsgebäude im Abendlicht

des alten Stadions wird hier unterhalb des Nordflügels das *Estádio Nacional* komplett neu gebaut. Dennoch wird man sich mit dem Spiel um den dritten Platz der WM zufriedengeben müssen, das Finale findet in Rios Maracanã-Stadion statt. Heute wohnen weniger als ein Fünftel der 2,5 Mio. Brasilienser innerhalb der Beamtenstadt; die Mehrheit lebt in Satellitenstädten außerhalb. Im heißen und trockenen Brasília ist eine Stadtrundfahrt zu empfehlen. Der Besuch lohnt auch, wenn Sie nur einen halben Tag Zeit haben: Am besten vereinbaren Sie mit einem Taxifahrer, Sie zu den Sehenswürdigkeiten im Plano Piloto zu fahren.

runden Bau von Oscar Niemeyer schweben drei Engel in der Kuppel. *Tgl. 8–18 Uhr | Esplanada dos Ministérios*

PALÁCIO DA ALVORADA

Der „Palast der Morgenröte" ist der Wohnsitz des Präsidenten und liegt auf einer Halbinsel im Paranoá-See. Die gebogenen Betonsäulen sollen an die im Inland typischen Hängematten erinnern. *Mi 15–17 Uhr | Lago Norte*

PRAÇA DOS TRÊS PODERES

Der „Platz der drei Gewalten" mit seinen Monumenten, Museen und Regierungsgebäuden zeigt die Synthese der Ideen Costas und Niemeyers. Der langgestreckte Regierungspalast, *Palácio do Planalto*, scheint trotz seiner Größe über dem Boden zu schweben *(So 9.30–15 Uhr)*. Gegenüber liegt das ähnlich aussehende Gebäude des *Obersten Gerichtshofs (Sa/So 10–17.30 Uhr)*. Zum *Nationalkongress* gehören die Kuppeln der Sitzungssäle, die rechts und links der zwei Bürotürme zu sehen sind: Das Parlament ist in der Kuppel untergebracht, der Senat in der Schale *(tgl. 9–17 Uhr)*. Das Außenministerium, *Palácio do Itamarati*, dessen zierliche Bogenkolonnen sich im Wasser spiegeln, ist eines der elegantesten Gebäude Brasílias *(Mo–Fr 14–16.30, Sa/So 10–15.30 Uhr)*.

SANTUÁRIO DOM BOSCO

Die verschiedenen Blautöne der Glasfenster erzeugen im stimmungsvollen Innenraum der Kirche ein beruhigendes, sphärisches Licht. Der gewaltige Kristallleuchter wurde aus 7400 Murano-Gläsern zusammengesetzt. *Tgl. 7–19 Uhr | W-3 Sul, qd. 702, bl. B*

INSIDER TIPP ▶ **TORRE DE TELEVISÃO** ☼

Der Fernsehturm liegt am höchsten Punkt der Zentralachse. Von seiner Plattform in 75 m Höhe eröffnet sich ein Panoramablick über die Stadt. Am Wochenende gibt es zu Füßen des Fernsehturms einen Flohmarkt mit Kunsthandwerk und Essensständen. *Fernsehturm tgl. 8–20 Uhr*

ESSEN & TRINKEN

BAR BEIRUTE

Kurz nach dem Bau Brasílias wurde diese Bar eröffnet. Seitdem hat sich die Speisekarte nicht verändert, genau so wie viele Kellner schon seit Jahrzehnten zum Haus gehören. Zum Bier gibt's arabische Kleinigkeiten. *Tgl. | Comercio Local Sul, qd. 109, bl. A, lj. 2 | Tel. 061 32 44 17 17 | €€*

CARPE DIEM

In dem Traditionsrestaurant mit netter Atmosphäre und einem guten, preisgünstigen Mittags- und Salatbüfett wurde schon immer heftig diskutiert. *Tgl. | Comércio Local Sul, qd. 104, bl D, lj. 1 | Tel. 061 33 25 53 00 | €*

LA CHAUMIÈRE

Traditionsrestaurant mit französischer Küche, klein und bodenständig. *Mo geschl. | Comércio Local Sul | qd. 408, bl A lj 13 | Tel. 061 32 43 75 99 | €€€*

CORRIENTES 348

Das beste Fleisch der Stadt gibt es ausgerechnet im neu eröffneten argentinischen Restaurant. Die *parrillada completa* reicht für vier Personen. *Mo geschl. | Comércio Local Sul, qd. 411, Bl. D, lj 36 | Tel. 061 33 45 13 48 | €€–€€€*

MARCO POLO HIGHLIGHTS

★ **Brasília**
Oscar Niemeyers kühner Entwurf: die Hauptstadt vom Reissbrett auf der grünen Wiese → S. 84

★ **Pantanal**
Expedition ins größte Süßwasserüberschwemmungsgebiet der Erde mit ganz eigener Flora und Fauna → S. 89

★ **Pantanal Wildlife Center**
Vom Hausboot aus können Sie Jaguare und Riesenotter beobachten → S. 91

★ **Bonito**
Schnorcheln vom Feinsten: kristallklares Wasser, glitzernde Fischschwärme und schwebende Pflanzen → S. 92

AM ABEND

INSIDER TIPP ▸ BAR BRASÍLIA

Hier treffen sich Journalisten, Politiker und Intellektuelle und diskutieren die Probleme des Landes. Die Kellner tragen weißes Hemd und Fliege, die Gläser lagern vorgekühlt im Eis. Hier soll es das beste Chopp der Stadt geben – und das seit Jahren. *Mo–Do ab 17, Fr–So ab 11.30 Uhr | Comércio Local Sul, qd. 506, bl. A, lj. 15 | Tel. 061 34 43 43 23*

DEVASSA

Zum Sundowner gehen sie am besten in eine der Bars/Restaurants am Pontão, dem Anleger auf der dem Regierungsviertel gegenüberliegenden Seite. Neu eröffnet hat das *Devassa*, eine Brauerei und Botecokette aus Rio mit fünf Sorten hausgemachten Chopps. *Di–So ab 17 Uhr, Mo geschl. | Pontão do Lago Sul | SHIS, QL10 | Tel. 061 34 42 11 69*

LOW BUDGET

▸ Ein Tipp für Campo Grande: *Pousada Dom Aquino* in der Nähe des Zentrums *(DZ 60 R$ | R. Dom Aquino 1806 | Tel. 067 33 84 33 03 | www.pousadadomaquino.com.br)*.

▸ Die Atmosphäre des Pantanal erleben Sie für wenig Geld auch bei einer Cargotour auf dem Rio Paraguay. Am Hafen von Corumbá liegen die Frachtschiffe, die jeweils nach einigen Tagen wieder zurückkommen.

▸ Traveller-Treff in Bonito: *Pousada Muito Bonito. DZ 50 R$ | R. P. Rebuá 1448 | Tel. 067 32 55 16 45 | www.hotelmuitobonito.com.br*

ÜBERNACHTEN

BRASÍLIA IMPERIAL

Eines der kleineren Hotels mit modernen Zimmern und zentraler Lage in der Nähe des Eixo. *84 Zi. | Setor Hoteleiro Sul | Qd. 3, Bl. H | Tel. 061 34 25 00 00 | www.brasiliaimperialhotel.com.br | €€*

INSIDER TIPP ▸ BRASÍLIA PALACE

Fans des Architekten Oscar Niemeyer sind hier genau richtig, der hat nämlich das Hotel geplant. Gerade Linien, Ausnutzen der natürlichen Lichtverhältnisse, viel Grün. Inzwischen ist renoviert worden. *156 Zi. | Setor de Hotéis e Turismo Norte | Qd. 2, Bl. H | Tel. 061 33 06 90 00 | www.plazabrasilia.com.br | €€*

ROYAL TULIP BRASÍLIA ALVORADA

Das Hotel ist Brasílias Topadresse, in schöner Seelage mit Blick auf den Präsidentenpalast. Brasiliens Stararchitekt Ruy Othake ist verantwortlich für die imposante Fassade mit rot-schwarzen Streifen. *394 Zi. | Setor de Hotéis e Turismo Norte, trecho 1, lt. 1-B, bl. C | Tel. 061 34 24 70 00 | www.brasiliaalvorada.com.br | €€€*

AUSKUNFT

TOURISTEN-INFO

Am Flughafen | tgl. 8–20 Uhr | Tel. 061 33 64 90 00 oder 061 33 64 910 02; weitere Infostellen auf der Praça dos Três Poderes und am Fernsehturm

ZIELE IN DER UMGEBUNG

CHAPADA DOS VEADEIROS

(139 D1) (*Ш H4*)

Der Nationalpark liegt 230 km nördlich von Brasília im Nachbarstaat Goiás. Bizarre Felsformationen, unberührte Flüsse, Wasserfälle und magnetische Kräfte – im

Boden ruhen Bergkristalle – begeistern Naturliebhaber und Esoteriker. Rund um den Park liegen drei hübsche kleine Orte mit touristischer Infrastruktur, von denen aber nur einer auf einer apshaltierten Straße zu erreichen ist: *Alto Paraíso de Goiás.* Emfehlenswert ist die *Pousada Maya* mit schön dekorierten Zimmern und Schwimmbad *(7 Zi. | R. 11, Qd. 11, lt. 4 e 5 | Tel. 062 34 46 20 62 | www.pousa damaya.com.br | €– €€).* In *São Jorge,*

PANTANAL

(138 A–B 1–2) *(🗺 F5)* ⭐ **Das Pantanal ist ein Ort der Superlative: Hier leben die größten Jaguare, Papageien, Tukane, Otter, Ameisenbären und Nager (Wasserschwein) der Welt, außerdem Südamerikas schwerstes Säugetier, der Tapir, und die größte Schlange, die Anaconda.**

Die Wahrscheinlichkeit, einen Kaiman zu Gesicht zu bekommen, ist im Pantanal hoch

in der Nähe des Parkeingangs, liegen die wunderschönen Chalets der *Baguá Pousada (R. 1, Qd. 16, lt. 2 | Tel. 062 34 55 10 46 | www.baguapousada.com. br | €€).*

PIRENÓPOLIS *(139 D1)* *(🗺 G5)*
Die beschauliche Ruhe und der Charme der einstigen Goldgräberstadt (21 000 Ew., 100 km westlich) sowie die Natur der Cerrados machen die Gegend zum beliebten Ausflugsziel. Übernachten: *Pousada O Casarão (R. Direita, 79 | Tel. 062 33 31 26 62 | www.ocasarao.pireno polis.tur.br | €€).*

Darüber hinaus sind hier Brüll- und Kapuzineraffen beheimatet, tummeln sich Unmengen von Fischen in den Flüssen, bevölkern Kaimane die Wasserstellen und sind Hunderttausende von Vögeln in diesem Überschwemmungsgebiet von der Größe Großbritanniens zu Hause oder auf Durchreise. Und der große Vorteil für Beobachter: Anders als am Amazonas, wo sich die Tiere im Dickicht des Urwalds verstecken, sind sie hier, in der offenen Landschaft, leichter zu sehen. Während der Regenzeit (Okt. bis April) saugt sich das Pantanal wie ein Schwamm mit Wasser voll. Nur die höher gelegenen

Bereiche bleiben trocken, zwei Drittel der Fläche des mit 230 000 km² größten Süßwasserüberschwemmungsgebiets der Welt stehen unter Wasser. Ab Mai sinken die Wasserstände, und der fruchtbare Boden wird zum Nahrungs- und Brutplatz für Fische und Vögel, auch für Zugvögel. In der Trockenzeit sammeln sich die Tiere in der Nähe des Wassers, und es gibt weniger Moskitos. Seit Ende des 19. Jhs. gibt es Fazendas und extensive Rinderzucht. Wenn die Regenzeit kommt, werden die Rinder an die höher gelegenen Dämme getrieben. Tagelang sind diese *comitivas pantaneiras* dann unterwegs. Heute werden viele Fazendas auch für den Ökotourismus genutzt.

ANFAHRT

Ökotourismus gibt es im Pantanal erst seit den 1990er-Jahren. Es gibt zwei Eingangstore: von Cuiabá aus ins nördliche oder von Campo Grande aus ins südliche Pantanal. Die Anreise ist in der Regenzeit problematisch und oft nur mit Boot oder Flugzeug möglich. Das erklärt auch die hohen Kosten, denn alles, was Touristen brauchen, muss angeliefert werden. Von Cuiabá sind es 70 km bis Poconé, wo die *Transpantaneira* beginnt, eine Erdstraße, die 150 km auf einem Damm und über 122 Holzbrücken ins Pantanal führt. Juni bis August kann es im Pantanal empfindlich kalt werden (10–15°C); im Sommer den Mückenschutz nicht vergessen!

VERANSTALTER

Maßgeschneiderte Touren ins Pantanal und nach Bonito, auch auf Deutsch, bieten INSIDER TIPP Mirjam und Marcello Goering Silva. *Pantanal Ranch Mandori | BR 262, km 554 | Tel. 067 96 38 35 20, 92 92 33 42 | www.explorepantanal.com*

ÜBERNACHTEN

Meist bleiben Touristen mehrere Tage auf einer Fazenda. Zu Fuß, mit Pferd, Jeep oder Boot geht's in Begleitung eines Führers zum Tierebeobachten. Teilweise können Sie am Alltag teilnehmen oder eine *comitiva* begleiten.

BAÍA DAS PEDRAS
Rustikale Fazenda mit freundlicher Atmosphäre und individueller Betreuung. Gut

JAGUAR-SHOW

Die atemberaubend schönen Raubkatzen waren den Pantaneiros lange ein Dorn im Auge. Sie raubten die Rinder, durften aber nicht abgeschossen werden. Inzwischen kommen die Touristen, um die seltenen Tiere zu sehen. Abdrücke der Tatzen oder das Gebrüll im Wald – mehr war oft nicht drin, weil die Tiere scheu sind. Seit zwei Jahren haben ein amerikanischer Biologe und seine deutsch-peruanische Frau ein Projekt aufgebaut, das Touristen von Juli bis September mit hoher Wahrscheinlichkeit den Anblick der Großkatzen in freier Wildbahn ermöglicht. Das *Jaguar Research Center* unterhält ein komfortables Zeltlager im Naturpark *Encontro das Águas* und ein Hausboot, das im ständigen Funkkontakt mit einheimischen Spurensuchern ist. Reservierung über *Pantanal Wildlife Center | www.pantanalwildlifecenter.com*

zur Vogelbeobachtung. Sie bekommen viel vom Leben der Fazendeiros mit. Ca. 6 Std. Autofahrt von Campo Grande oder 1 Std. Flug. *6 Zi. | Tel. 067 99 57 36 86 | www.baiadaspedras.com.br | €€–€€€*

vielen Vögeln unternommen. Es gibt Beobachtungstürme, 5 km lange Pfade durch Galeriewald und eine kompetente Leitung (auch deutschsprachig). Die Anreise mit dem Auto ab Cuiabá

Landleben auf Brasilianisch: Viehtrieb auf einer Fazenda

BARRA MANSA

Hübsche Fazenda am Rio Negro, reiche Flora und Fauna, persönliche Betreuung. 1 Flugstd. ab Campo Grande. *8 Zi. | Tel. 067 33 25 68 07 | www.hotelbarramansa.com.br | €€–€€€*

INSIDER TIPP ▸ BARRANCO ALTO

Schöne Fazenda mit engagierter Leitung, 11 000 ha zu beiden Seiten des Rio Negro, intakte Natur mit vielen Tieren, individuelle Betreuung, deutschsprachig. 6 Std. ab Campo Grande bzw. 1 Flugstd. *4 Zi. | www.fazendabarrancoalto.com.br | €€–€€€*

PANTANAL WILDLIFE CENTER AUF DER FAZENDA SANTA TEREZA ★

Von hier aus werden herrliche Boots-, Katamaran- und Kanuausflüge auf dem Rio Pixaim mit Riesenottern und

dauert ca. 4 Std. *12 Zi. | Transpantaneira, km 67 | Tel. 065 36 82 31 75 | www.pantanalwildlifecenter.com | €€–€€€*

POUSADA CURICACA

Anders als bei den anderen Lodges wird diese ehemalige Fazenda nicht mehr landwirtschaftlich, sondern nur noch touristisch genutzt. Die schöne Anlage verfügt sogar über ein Schwimmbad. *20 Zi. | Transpantaneira, km 25 | Tel. 065 30 23 31 36 | www.curicaca.com | €€–€€€*

POUSO ALEGRE

Die Unterbringung auf der 11 000 ha großen Rinderfarm ist zwar recht einfach, aber die vielen Vögel und Kaimane auf der Zufahrt sowie die Hyazinth-Aras sind dafür atemberaubend. Anfahrt ab Cuiabá 2–3 Std. *13 Zi. | Transpantanei-*

ra, km 38 | Tel. 065 99 68 61 01 | www.
pousalegre.com.br | €€

ZIELE IN DER UMGEBUNG

BONITO ★ (138 B3) (⌘ F6)
Südlich des Pantanal (ca. 130 km) liegt
die *Serra da Bodoquena* mit Grotten,
Höhlen, Wasserfällen und Flüssen. *Bonito* (18 000 Ew.) ist zum Zentrum eines
gut organisierten Naturtourismus geworden, der mit der Entdeckung der Tropf-

zum *Rio Sucuri* und *Rio da Prata* mit
Waldwanderungen und anschließenden
Schnorcheltouren. Ganz in der Nähe liegt
das *Buraco das Araras*, ein Sinkloch von
über 120 m Tiefe, in dem Hunderte von
Aras umherfliegen *(tgl. 7–17 Uhr | 10 R$ |
Fazenda Alegria an der BR 267, 58 km).*
Für Mutige: 72 m geht es mit Seilen in
die Tiefe des Kraters *Abismo Anhumas,*
um anschließend im kristallklaren Wasser zu schnorcheln. Es geht aber auch
ohne Schnorcheln: Eine herrliche Wald-

Ebenso spannend wie erfrischend – Schnorcheln im Rio da Prata

steinhöhle des *Lago Azul* begann, eines
blau schimmernden unterirdischen Sees
von 90 m Tiefe *(Rod. Três Morros | 25 R$ |
20 km von Bonito).*
INSIDER TIPP Mit der Strömung flussab-
wärts treiben und im kristallklaren Wasser Fischschwärme und Wasserpflanzen
bestaunen können Sie gleich an mehreren Stellen. Für Einsteiger empfiehlt sich
die 1500 m lange Schnorcheltour im *Rio
Formoso* plus Spaziergang zum Flussufer
mit einem Guide, der Flora und Fauna
erklärt. Alternativen sind die Ausflüge

wanderung führt vorbei an Wasserfällen
und wird mit einem köstlichen Essen auf
der *Estancia Mimosa* (24 km von Bonito)
abgeschlossen. Alle Touren müssen über
Agenturen gebucht werden.
Viele der besseren Hotels von Bonito
liegen am Ortsrand oder außerhalb
des Ortes, wie die Chalets der Pousada
Águas de Bonito *(30 Zi. | R. 29 de Maio,
1679 | Tel. 067 32 55 23 30 | www.aguas
debonito.com.br | €€).* Die deutsch-
sprachigen Besitzer der angenehmen
INSIDER TIPP *Pousada Gira Sol* im Zent-

rum von Bonito vermitteln auch Touren *(12 Zi. | R. Pérsio Schamann, 710 | Tel. 067 32 55 36 77 | www.girassolbonito.com. br | €).*

CAMPO GRANDE (138 B2–3) *(* *F5–6)*

Campo Grande (735 000 Ew.) ist Hauptstadt von Mato Grosso do Sul. Hier wird Rinderzucht oder Sojaanbau betrieben. Es liegt noch immer die Atmosphäre von Pionierzeiten in der Luft. Die im Schachbrettmuster angelegte Stadt ist Ausgangspunkt für Reisen ins südliche Pantanal oder nach Bonito. Besuchen Sie das *Museu Dom Bosco,* ein naturkundliches Museum mit indianischen Objekten, einbalsamierten Tieren, Schnecken- und Schmetterlingssammlungen *(Di–Fr 8–18, Sa/So 13–18 Uhr | 3 R$ | Av. Afonso Pena, 7000).* Im *Fogo Caipira* gibt es regionale Küche mit großen Portionen *(Mo und So–Abend geschl. | R. José Antônio Pereira, 145 | Tel. 067 33 24 16 41 | €€).* Übernachten Sie im besten Hotel der Stadt, dem zentral gelegenen *Jandaia (140 Zi. | Barão do Rio Branco, 1271 | Tel. 067 33 16 77 00 | www.jandaia.com.br | €€),* oder im *Indaiá Park,* einem Standardhotel in guter Lage und mit gutem Service *(137 Zi. | Av. Afonso Pena, 354 | Tel. 067 21 06 10 00 | www.indaia-hotel.com. br | €).*

CORUMBÁ (138 A2) *(* *F5)*

An den westlichen Ausläufern des Pantanal und an der Grenze zu Bolivien liegt *Corumbá* (101 000 Ew.). Die Stadt wurde als militärischer Außenposten am Rio Paraguay gegründet, das *Fort Coimbra* von 1775 ist bis heute militärischer Stützpunkt. Genießen Sie den Sonnenuntergang von der Terrasse des Restaurants *Viva Bella (R. Artur Mangabeira, 1 | €).* Übernachten Sie im *Santa Mônica Palace Hotel,* dessen Zimmer in den oberen Stockwerken einen schönen Blick ins Pantanal haben

(72 Zi. | R. Antônio Maria Coelho, 345 | www.hsantamonica.com.br | €). Sportangler können im Hafen Boote chartern.

CUIABÁ (138 B1) *(* *F5)*

Cuiabá, 70 km nördlich des Pantanal, wurde 1719 von Goldsuchern gegründet, die sich gegen die kriegerischen Bororo-Indianer verteidigten. Heute ist die Hauptstadt des Bundesstaates Mato Grosso mit gut 500 000 Einwohnern ein lebhaftes Agrarzentrum. Deshalb gibt es in der zu jeder Jahreszeit heißen Stadt auch viele Hotels, Restaurants und Einkaufszentren. Hier wird sogar ein Stadion für die Fußball-WM gebaut, die *Pantanal-Arena,* bei deren Konzept ökologische Gesichtspunkte im Vordergrund stehen. Übernachten Sie im neu eröffneten Gran *Odara* mit hellen Zimmern und guter Organsation *(104 Zi. | Av. Miguel Sutil, 8344 | Tel. 065 36 16 20 14 | www. hotelodara.com.br | €€).* Nahe am Flughafen, im Vorort Várzea Grande, ist das *Hits Pantanal* das ideale Hotel fur Durchreisende ins Pantanal, die nicht ins Stadtzentrum wollen. Angenehme Zimmer, schönes Schwimmbad *(105 Zi. | Av. Arthur Bernardes, 251 | Tel 065 33 63 99 77 | www.hitspantanal.com.br | €€).* In der *Peixaria Popular* wird Fisch aus dem Pantanal zubereitet *(So-Abend geschl. | Av. São Sebastião, 2324 | Goiabeiras | €).* Gönnen Sie sich abends ein Bier im ältesten Restaurant der Stadt, dem *Choppão (tgl 10–1 Uhr | Praça de Abril).*

Indianisches Kunsthandwerk gibt's im Geschäft der staatlichen Indianerbehörde **INSIDER TIPP** ▸ *Funai Artíndia (R. Padre Celestino, 301)* sowie bei *Arte Indigena Artesanatos (R. Quinca Caldas, 550).* In der *Casa do Artesão,* einem wunderschönen Kolonialgebäude wird Kunsthandwerk ausgestellt, u.a. Gegenstände der Indianer vom Alto Xingu *(Mo–Fr 9–18, Sa 9–14 Uhr | R. 13 de Junho, 315).*

DER SÜDEN

Die Wasserfälle des Rio Iguaçu sind eines der Naturwunder der Erde und die Touristenattraktion von Brasiliens Süden, zu dem die Bundesstaaten Rio Grande do Sul, Santa Catarina und Paraná gehören.

In der Region von der Größe Frankreichs trafen die überwiegend europäischen Einwanderer ein gemäßigtes Klima an. Im Winter kann es in gebirgigen Lagen sogar schneien und frieren. Curitiba, die Hauptstadt des Bundesstaats Paraná, ist mit einem Jahresmittel von 16,5 Grad die kälteste Hauptstadt Brasiliens. Im Sommer kommen auch viele Argentinier an die traumhaften Strände von Florianópolis, und beim Oktoberfest in Blumenau stehen die deutsche Kultur und deutsches Bier im Mittelpunkt.

CURITIBA

(142 A5) *(◊ G6–7)* **Die Hauptstadt (1,8 Mio. Ew.) des Bundesstaates Paraná gilt als stadtplanerische Modellstadt in Brasilien – und das, obwohl es sich um eine blühende Industriestadt handelt.**

Deutsche, polnische und ukrainische Einwanderer siedelten sich hier an, aber auch Italiener im Viertel Santa Felicidade. Den Titel ökologischste Stadt Brasiliens verdankt Curitiba seinen Gärten und Parks, aber auch der engagierten Stadtverwaltung. Zur Fußball-WM 2014 wird das *Estádio da Baixada* unweit des Stadtzentrums ausgebaut. Spazieren Sie durch das historische Zentrum mit seinen Kirchen und Kolonialgebäuden rund um

Iguaçu und bayerisches Oktoberfest: Hier ist alles etwas gemäßigter – nur nicht die donnernden Wasserfälle

die *Praça João Cândido.* Vielleicht haben Sie Glück und können eine Veranstaltung in der *Ópera de Arame* („Drahtoper") besuchen, einer gewagten Konstruktion aus Metallrohren und Glas im *Parque das Pedreiras.*

SEHENSWERTES

JARDIM BOTÂNICO
Das schöne Gewächshaus im englischen Stil ist mit seinen drei Kuppeln zum Wahrzeichen Curitibas geworden, aber auch die Parkanlagen des botanischen Gartens sollten Sie sich anschauen. *Di– So 9–17 Uhr | R. Ostoja Roguski*

MUSEU OSCAR NIEMEYER
Einer der tollsten und originellsten Bauten Oscar Niemeyers steht in Curitiba. Von weitem sieht er wie das große, auf einem Sockel gelagerte Auge einer ägyptischen Figur aus. Drinnen gibt es Gegenwartskunst und wechselnde Ausstellungen zu sehen. *Di–So 10–17.30 Uhr | 4 R$ | R. Marecahl Hermes, 999*

ESSEN & TRINKEN

ESTRELA DA TERRA

In einem restaurierten Kolonialgebäude untergebracht ist dieses Restaurant mit regionalen Spezialitäten, z. B. *barreado*, einem deftigem Eintopf, der 24 Stunden in einem verschlossenen Lehmtopf gekocht wird. *Tgl. | Av. Jaime Reis, 176 | Tel. 041 32 22 50 07 | €*

ÜBERNACHTEN

HOTEL FULL JAZZ

Der Name lässt es vermuten: In diesem Hotel im Ausgehviertel Batel dreht sich (fast) alles um Jazz: Freitags und samstags gibt es abends Jazzkonzerte in der Bar. *76 Zi. | R. Silveiro Peixoto, 1297 | Tel. 041 33 12 70 00 | www.hotelslaviero.com. br | €€–€€€*

Ungeschickt darf man dabei nicht sein: Ein Fischer von Florianópolis wirft sein Netz aus

MADALOSSO

Pasta satt: riesiges, lebhaftes Restaurant im Stadtteil der italienischen Immigranten. *Tgl., So abend geschl. | Av. Manoel Ribas, 5875 | Tel. 041 33 72 21 21 | €*

JOHNSCHER

Das älteste Hotel der Stadt wurde modernisiert, hat aber seinen Charme behalten. *24 Zi. | Barão do Rio Branco, 354 | Tel. 041 33 02 96 00 | www.sanjuanhoteis. com.br | €€*

AM ABEND

BAR DO ALEMÃO

Das beste Bier und zünftige „Schwarzwaldstimmung" gibt es in der „Bar des Deutschen" am Largo da Ordem in der Altstadt. *Tgl. | R. Claudino dos Santos, 63 | Tel. 041 32 23 25 85*

ZIELE IN DER UMGEBUNG

ILHA DO MEL (142 B5) (*ω G6–7*)

Von Pontal do Sul fahren Boote (30 Min.) zur Insel, einem Naturreservat mit schönen Stränden. Die meisten Besucher fahren abends zurück, aber es gibt auch

Pensionen oder Fischerhütten zum Übernachten. Übernachten Sie in der Pousada *Fim da Trilha* im Grünen, in unmittelbarer Nähe des Strandes von Encantada *(8 Zi. | Caminho da Gruta | Tel. 041 34 26 90 17 | www.fimdatrilha.com.br | €–€€).*

MORRETES ☼ (142 B5) (*Ø G6–7*)
Der malerisch am Hügel gelegene Ort mit Kolonialcharakter ist zwar das Ziel (ca. 80 km), die eigentliche Attraktion dieses Ausflugs ist aber der Weg dorthin – die spektakuläre, dreistündige Zugfahrt im ⭐ *Serra Verde Express* mitten durch den Regenwald. Sonntags fährt der Zug bis Paranaguá, wo man nach Ilha do Mel übersetzen kann. *Abfahrt tgl. 8.15 Uhr, Hinfahrt je nach Kategorie 48–270 R$, Rückfahrt geht schneller mit Bus oder Kleinbus, sonst Rückfahrt ab Morretes 16 Uhr | www.serraverdeexpress.com.br*

FLORIANÓPOLIS

(139 D5) (*Ø G7*) Florianópolis, liebevoll Floripa genannt (421 000 Ew.) ist eine der entspanntesten Städte Brasiliens.
Die Hauptstadt des Bundesstaates Santa Catarina erstreckt sich vom Festland über zwei Brücken hinweg auf eine 54 km lange Insel. Strände, Dünen, Lagunen: Die ⭐ *Ilha de Santa Catarina* ist ein Paradies für Strandfans und Surfer. Während der Norden inzwischen zum Hotspot der Reichen geworden ist – mit exklusiven Strandclubs, in denen der Champagner fließt –, gibt es im Süden noch verträumte Fischerdörfer. In der Inselmitte liegt die *Lagoa da Conceição,* der zentrale Treffpunkt. Am Abend spiegeln sich die Lichter der Bars und Restaurants im Wasser. Vom Zentrum setzen Boote zum Fischerort *Costa da Lagoa* über (45 Min.).

ILHA DO CAMPECHE
Klares Wasser, romantische Buchten und 4000 Jahre alte Felszeichnungen sind die Trümpfe der vorgelagerten Insel. Sie erreichen sie mit Booten von *Armação,* der ehemaligen Walfangstation, aus.

MERCADO PÚBLICO UND ALFÂNDEGA
Im Markt von 1898 und dem neoklassizistischen Gebäude des Zollhauses gibt es Andenkenläden, Bars und Restaurants *(So und Sa-Abend geschl. | Av. Paulo Fontes/Largo da Alfândega).* Vor der **INSIDER TIPP** *Box 32* (€) wird's voll am frühen Abend, wenn die Angestellten nach der Arbeit kommen. Probieren Sie *pastel do camarão* (mit Krabben gefüllte Teigtaschen), dazu trinken Sie einen Zuckerrohrschnaps.

RIBEIRÃO DA ILHA/SANTO ANTÔNIO DE LISBOA
In den beiden Orte mit ihren weißen Kolonialhäusern und kleinen Kirchen

⭐ **Serra Verde Express**
Atemberaubend: die Zugfahrt nach Morretes durch den Regenwald → S. 97

⭐ **Ilha da Santa Catarina**
Dutzende Strände auf einer Insel – für Surfer und Faulenzer → S. 97

⭐ **Cataratas do Iguaçu**
Ein gewaltiges Naturschauspiel aus jeder Perspektive → S. 99

⭐ **Weinstädte**
Italienische Weinkultur im tiefsten Süden → S. 101

MARCO POLO HIGHLIGHTS

FLORIANÓPOLIS

erinnert vieles an die ersten Siedler von den Azoren. In der *Casa Açoriana* gibt es Keramik und Kunsthandwerk *(R. Cons. Serpa, 30)* und im **INSIDER TIPP** *Rancho Açoriano*, einem ehemaligen Lagerhaus, frische Austern *(tgl. | Rod. Baldicero Filomeno, 5654 | Ribeirão da Ilha | €€)*.

ESSEN & TRINKEN

BAR DO ARANTE
Tausende von Zetteln, die Reisende als Nachrichten für andere hinterlassen haben, hängen von Decken und Wänden in diesem urigen Restaurant. Am Wochenende Büfett mit Meeresfrüchten. *Tgl. | R. Abelardo Otacílio Gomes, 254 | Pântano do Sul | Tel. 048 32 37 70 22 | €€*

INSIDER TIPP OSTRADAMUS
Austern da essen, wo sie herkommen. Bei gutem Wetter stehen Tische auf einem Steg im Meer. *Mo geschl. | Rod. Baldicero Filomena | Ribeirão da Ilha | Tel. 048 33 37 57 11 | €€*

EINKAUFEN

In der Stadt und auf der Insel gibt es an verschiedenen Orten Töpfer- und Keramikarbeiten, wie z.B. in der *Escola de Oleiros (Mo–Do 8–22, Fr 8–17.30 Uhr | R. Frederico Afonso, 5545 | Ponto Baixo)*.

FREIZEIT & SPORT

SANDBOARDING
Geht wie Snowboarden, nur eben auf Sand. An der großen Düne an der *Praia da Joaquina* kann man das ausprobieren und Bretter stundenweise mieten *(10 R$)*.

SURFEN
An der *Praia da Joaquina* gibt es eine Surfschule *(Easy Surf | Tel. 048 99 71 34 86)*; auf der Lagune wird mit Wind gesurft *(Open Winds | Av. das Rendeiras, 1672 | Tel. 048 32 32 50 04 | www.openwinds.com.br)*.

AM ABEND

Die Reichen feiern in Beachclubs wie *El Parador, El Divino* und dem *Café de la Musique* im Strandort Jurerê Internacional. Gemischteres Publikum findet sich in den Bars und Restaurants an der Lagune.

ÜBERNACHTEN

POUSADA DAS PALMEIRAS
Liebevoll gemachte Pousada an der Lagune mit geschmackvollen Zimmern. *6 Zi. | R. Laurindo J. da Silveira, 2720 | Tel. 048 32 32 62 67 | www.pousadadaspalmeiras.com.br €€*

POUSADA SÍTIO DOS TUCANOS
Ruhe und Entspannung in der Natur, Naturschwimmbad, dt. Leitung. *10 Zi. | Costa de Dentro | Tel. 048 32 37 50 84 | www.pousadasitiodostucanos.com | €–€€*

AUSKUNFT

TOURISTENINFORMATIONEN
Flughafen, Busbahnhof, Mercado Público | Tel. 048 32 12 31 27

ZIEL IN DER UMGEBUNG

BLUMENAU/POMERODE
(142 A6) (*G7*)
In Blumenau und im 30 km entfernten Pomerode, dem sogenannten *Vale Europeu* am Rio Itajaí, 160 km nordwestlich von Floripa, wird deutsche Tradition gepflegt: Fachwerkhäuser, Schützenvereine, Spielmannszüge, Oktoberfest. Nachdem der Pharmazeut Hermann Blumenau 1850 die Kolonie gegründet hatte, begannen die Immigranten mit dem Auf-

bau der Textilindustrie und Glasproduktion. Zwar wirken die Fachwerkfassaden der lebhaften Industriestadt Blumenau (290 000 Ew.) künstlich, doch was zählt, ist deutsche Tradition. Zum Oktoberfest kommen bis zu 800 000 Besucher. Umzüge mit Dirndl und Bierwagen gehören ebenso zum Programm wie Eisbein und Sauerkraut.

in Argentinien kommt man etwas näher an sie heran, muss aber dafür ein wenig Zeit für den Grenzübertritt einplanen.

SEHENSWERTES

CATARATAS DO IGUAÇU ⭐
Ohrenbetäubender Donner, alles durchnässendes Sprühwasser und dichter,

Historisierende Gemütsarchitektur: Fassade in Blumenau

FOZ DO IGUAÇU

(138 B4) (*F6–7*) **Foz do Iguaçu ist eine lebhafte Grenzstadt (250 000 Ew.) im Dreiländereck von Brasilien, Argentinien und Paraguay.**
Touristisches Zentrum ist die *Avenida Jorge Schimmelpfeng*. Schöner ist es aber außerhalb der Stadt, in der Nähe der 15 km entfernten, berühmten Wasserfälle. Seit den 1930er-Jahren sind auf der argentinischen wie brasilianischen Seite Naturparks entstanden, in denen der Urwald erhalten blieb. Von Brasilien hat man einen großartigen Blick auf die Wasserfälle,

die Wassermassen säumender Urwald: Das „große Wasser" nannten die Tupi-Guaraní-Indianer den Rio Iguaçu, der hier in einem fast 3 km großen Halbkreis über 60 m in die Tiefe stürzt. Vom Besucherzentrum am Eingang des *Parque Nacional Iguaçú* fahren alle 15 Min. Busse zu den Aussichtspunkten. Unterhalb des Tropical-Hotels beginnt ein Weg, der dicht über dem Wasser zu zwei Aussichtspunkten im Fluss führt *(tgl. 9–17 Uhr | 41 R$, www.cataratasdoiguacu.com.br)*.
Auf argentinischer Seite fährt ein kleiner Zug vom Parkeingang zur *Garganta del Diablo* („Teufelsrachen"). Es gibt Wanderwege, auf denen Sie z.T. direkt am Wasser entlanglaufen *(tgl. 8–18, Okt.–März 8–19 Uhr | 130 Pesos | www.igua*

zuargentina.com). Nutzen Sie den Aufenthalt, um ein argentisches Grillrestaurant zu besuchen, z.B. *El Quincho del Tío Querido (So-Mittag geschl. | Ruta Bompland, 110 | €€)*.

ESSEN & TRINKEN

BÚFALO BRANCO

Einfache Churrascaria, die auch arabische Spezialitäten am Büfett hat. *Tgl. | R. E. Rebouças, 530 | Tel. 045 35 23 97 44 | €€*

TRAPICHE

Fischrestaurant mit familiärem Ambiente. *Tgl., Mo–Do nur abends | R. Marechal Deodoro, 1087 | Tel. 045 35 72 39 51 | €€*

FREIZEIT & SPORT

CANION IGUAÇU

Klettern, Abseilen, auf Baumpfaden laufen und Kajak fahren – in einem Teil des Naturparks wurde ein Urwald-Erlebnispark eingerichtet. *Tgl. 9–17.30 Uhr | Tel. 045 35 29 91 75 | www.campodedesafios.com.br*

LOW BUDGET

▶ Im *Marica Bed & Breakfast* (ca. 60 Euro/Nacht) in Foz do Iguaçu kümmert sich die Gastgeberin persönlich um die Gäste. *R. Gregório Dotto, 118 | Tel. 045 91 02 89 00 | www.maricabedbreakfast.com*

▶ Im *Serra Verde Express* von Curitiba nach Morretes *(siehe S. 97)* nehmen Sie die günstigsten Tickets in der Kategorie *Econômica*. Sie kosten weniger als die Hälfte der Kategorie *Executivo*, und die Aussicht ist dieselbe.

ÜBERNACHTEN

BELLA ITALIA

Gemütliches, älteres Hotel im Stadtzentrum mit riesigem Frühstücksbüfett, für Frühaufsteher schon ab 4.45 Uhr. *135 Zi. | Av. Repúblic Argentina, 1700 | Centro | Tel. 045 32 51 50 00 | www.hotelbellaitalia.com.br | €€*

HOTEL DAS CATARATAS ☆

Das im Kolonialstil gehaltene Hotel profitiert von seiner Lage im Nationalpark, aus einigen Zimmern soll man die Wasserfälle sogar sehen können. *203 Zi. | Rod. das Cataratas | Tel. 045 21 02 70 00 | www.hoteldascataratas.com.br | €€€*

AUSKUNFT

TOURISTENINFORMATION

Praça Getúlio Vargas, 420 | Tel. 0800 45 15 16 | www.fozdoiguacu.pr.gov.br

PORTO ALEGRE

(138 C5) *(⊞ G7)* **Porto Alegre (1,4 Mio. Ew.), die lebhafte Hauptstadt der Gaúcho-Gebiete, ist das größte Handels- und Industriezentrum in Südbrasilien.**
Der „fröhliche Hafen" liegt am Zusammenfluss mehrerer Flüsse, von deren Ufern sich die Altstadt den Berg hinaufzieht. Hier wird auch das *Beira-Rio*-Stadion zur Fußball-WM 2014 renoviert. Die Gauchos sind Spezialisten der Fleischzubereitung. Europäische Einwanderer, vor allem Italiener und Deutsche, prägten das Leben. Porto Alegre hat eine lebendige Intellektuellenszene und Kulturzentren wie die *Casa de Cultura M. Quintana (R. dos Andrads, 736)* und die *Usina do Gasômetro (Av. Pres. Gourlart)*. Die Sehenswürdig-

keiten lernt man am einfachsten im Bus kennen: Die *Linha Turismo* fährt fünfmal am Tag (außer Mo) ab Zentrum *(10 R$).*

ATELIER DE MASSAS
Kunst und Küche gehen Hand in Hand: Hier macht ein Maler die Nudeln, an den Wänden hängen seine Werke und die anderer lokaler Größen. *Mo geschl. | R. Riachuelo, 1482 | Tel. 051 32 25 11 625 | €*

NA BRASA
Gilt als beste Churrasacaria von Porto Alegre: hervorragendes Fleisch, guter Service, gepflegtes Ambiente. *Tgl. | R. Ramiro Barcelos, 389 | Floresta | Tel. 051 32 25 22 05 | €€*

IBIS MOINHOS DE VENTO
im schicken Ausgehviertel Moinhos de Vento liegt das relativ neue Hotel der Ibis-Kette. *154 Zi. | R. Marquês de Herval, 524 | Tel. 051 2112 27 72 | www. accorhotels.com.br | €€*

PLAZA PORTO ALEGRE
Traditionshotel im Zentrum, charmant und mit freundlichem Sevice. *154 Zi. | R. Sr. Dos Passos, 154 | Tel. 051 32 20 80 00 | www.plazahoteis.com.br | €€*

BLUMENSTÄDTE (138 C5) (*M* G7)
Die *Serra Gaúcho,* 40 km nördlich von Porto Alegre, wird von Araukarienwäldern, Bergen, Seen, Wasserfällen und Hortensien geprägt. Letztere brachten den von deutschen und italienischen Einwanderern geprägten Nachbarorten *Gramado* (32 000 Ew.) und *Canela* (38 000 Ew.) die Bezeichnung „Blumenstädte" ein. Die

alpine Stimmung setzt sich in den Hotels und Restaurants fort. Von Canela sind es 100 km zum *Parque Nacional de Aparados da Serra (Mi–So 9–17 Uhr | 6 R$)* mit seinen gewaltigen Canyons wie dem 720 m tiefen **INSIDER TIPP** *Canyon de Itaimbezinho,* der dicht am Parkeingang liegt.

Mit Denkmälern bestückt: Praça Marechal Deodoro in Porto Alegre

WEINSTÄDTE ★ (138 C5) (*M* G7)
Vor über 100 Jahren begannen italienische Einwanderer hier mit dem Anbau von Trauben. Zentrum des Weinanbaus ist *Bento Gonçalves,* 130 km nordwestlich von Porto Alegre am Eingang zum *Vale dos Vinhedos,* dem Tal der Weinberge, mit zahlreichen Kellereien. Die meisten von ihnen bieten Führungen und Weinproben an, wie die *Casa Valduga* oder die *Vinicula Miolo.* Einen tollen Blick ins Vale dos Vinhedos haben Sie aus den rustikalen Steinhäusern der **INSIDER TIPP** *Pousada Borghetto Sant'Anna (25 Zi. | Tel. 054 34 53 23 55 | www.borghettosantanna.com.br | €€).*

AUSFLÜGE & TOUREN

Die Touren sind im Reiseatlas, in der Faltkarte und auf dem hinteren Umschlag grün markiert

1 ENTLANG DER GRÜNEN KÜSTE: RIO–PARATI

„Grüne Küste" wird der über 500 km lange Küstenabschnitt zwischen Rio de Janeiro und Santos genannt. Die kurvige Küstenstraße (BR 101/SP055) verläuft im Schatten des dicht bewaldeten Küstengebirges in Sichtweite des Meeres. Unterwegs kommen Sie durch Badeorte und wunderschöne Kolonialstädtchen. Busse fahren etwa alle zwei Stunden ab Rodoviário in Rio, aber schöner ist es mit einem Mietwagen.

Nachdem Sie Rio de Janeiro hinter sich gelassen haben, fahren Sie ab Itacurucá am Meer entlang und erreichen nach rund 160 km **Angra dos Reis**. Wenn Brasilianer von Angra sprechen, geraten sie ins Schwärmen. Das bezieht sich jedoch weniger auf die Stadt, sondern auf die Hunderte von vorgelagerten Inseln, viele davon in Privatbesitz. Angra ist eine lebhafte Stadt (164 000 Ew.), deren Hafen voller Yachten liegt. Ein Gefühl für die Gegend bekommen sie in der *Pousada do Bicho Preguiça,* einem ehemaligen Sommerhaus mit eigenem Anleger, das zu einem charmanten Gästehaus umgebaut wurde *(10 Zi. | R. Prof. Jorge Salomão | Tel. 024 33 65 05 60 | www. casadobichopreguica.com.br | €€).*

In Sichtweite vor Angra liegt die **Ilha da Gipóia** (30 Min. mit dem Boot ab Anleger Cais de Santa Luzia) mit ihrem herrlich transparenten Wasser und dem **Praia do Dentista** genannten Strand, wo

Bild: Ouro Preto

Traumstrände und Barockkirchen – an der Küste zu Badeorten und Fischerdörfern, durch Minas Gerais auf den Spuren goldener Zeiten

die Millionäre auf ihren Yachten ankern. Die Chalets der *Pousada Canto do Hibisco* liegen direkt am Strand Praia do Vitorino *(6 Zi. | Tel 024 99 91 66 50 | www.canto dohibisco.com.br | €€)*. In der Bucht von **Jurubaíba** gibt es schwimmende Bars, in denen Sie Meeresfrüchte und Caipirinha serviert bekommen.

Die größere INSIDERTIPP *Ilha Grande* ist bis heute ein Naturparadies wie aus dem tropischen Bilderbuch: der dichte Urwald, die Wasserfälle und Flüsse, die Buchten, das transparente Meer. Jahr-

hundertelang war sie fest in der Hand von Piraten, danach rund 90 Jahre Gefängnisinsel, seit 1994 hat sich die Insel dem Tourismus geöffnet. Von Angra gibt es tägliche Bootsverbindungen zur Ilha Grande. In der Nähe des Anlegers in **Vila do Abrão** gibt es jede Menge Pousadas, wie die hübsche *Pousada Manacá,* direkt am Strand mit tollem Service *(7 Zi. | R. da Praia, 333 | Tel. 024 33 61 54 04 | www. ilhagrandemanaca.com.br | €–€€).* In der *Pousada Aratinga* werden Sie von der australischen Besitzerin verwöhnt *(7 Zi. |*

R. das Flores, 232 | Tel. 024 33 61 95 59 | www.aratingailhagran de.com.br | €€). Das *Sagú Mini Resort,* eine wunderschöne Pousada, erreichen Sie am besten per Boot *(9 Zi. | Tel. 024 33 61 56 60 | www. saguresort.com | €€).* Frischen Fisch gibt es im Restaurant *O Pescador (So geschl. | Tel. 024 33 61 51 14 | €€).*

Die Ilha Grande ist ein wahres Paradies für Wanderer. Ein breiter Sandweg führt über eine Entfernung von 6 km zum ehemaligen Gefängnis; Höhepunkt ist jedoch der grandiose, wenn auch recht anstrengende Aufstieg zum 900 m hohen **Pico de Papagaio** mit seinem tollen Panoramablick.

Von Angra sind es ca. 100 km bis nach ★ **Parati** (35 000 Ew.), einem Schmuckstück kolonialer Architektur. Früher wurde hier das Gold verschifft, das mit den Maultierkarawanen über die *Estrada Real* aus Minas Gerais gebracht wurde. In den prächtigen Herrenhäusern des kolonialen Zentrums sind heute Restaurants und Pousadas untergebracht, wie die einfache, aber charmante Pousada Arte Colonial *(7 Zi. | R. da Matriz, 292 | Tel. 024 33 71 73 47 | €–€€)* und die geschmackvolle INSIDER TIPP *Pousada do Ouro*, ebenfalls mit Schwimmbad *(26 Zi. | R. Dr. Pereira, 145 | Tel. 024 33 71 20 33 | Tel. dt. Reservierung 011 81 17 61 16 | www. pousadaouro.com.br | €€–€€€).* Beginnen Sie den Stadtrundgang an der **Casa de Cultura** *(Mo–Mi 10–18.30, Fr/Sa 13–21.30 Uhr | R. Dona Geralda, 177),* und besuchen Sie anschließend die verschiedenen Kirchen. Die prunkvolle Barockkirche **Santa Rita dos Pardos Libertos** an den Kais wurde von freigekauften Sklaven errichtet. Seit über 300 Jahren wird in Parati der Zuckerrohrschnaps Cachaça produziert. Einige der lokalen Brennereien, wie *Corisco* oder *Coqueiro,* können Sie besuchen. Die Geschäfte im Zentrum haben bis zu 500 Marken im Angebot. Das historische Zentrum ist voller Läden mit wunderschönem Kunsthandwerk und Kunst. Zu den Stränden Paratis muss man entweder mit dem

Tropisches Idyll am Atlantik: Badebucht an der Costa Verde bei Parati

Auto fahren – die schönsten liegen in Richtung Süden bei der gut 30 km entfernten **Vila de Trindade** – oder eine Bootstour in die Bucht mit ihren Inseln machen. Ein interessanter Ausflug geht zum `INSIDER TIPP` *Caminho de Ouro*, der mit Felsen gepflasterten Straße, über die das Gold transportiert wurde *(Do–So 10 Uhr ab Centro de Informações Turísticas | 20 R$)*.

2 AUF DEN SPUREN DES GOLDES: BAROCK IN MINAS GERAIS

⭐ *Allgemeine Minen, Minas Gerais,* nannten die Portugiesen das Bergland, wo sie ab dem 18 Jh. Gold fanden. Die damit gebauten Kirchen und Paläste wurden von der Unesco zum Weltkulturerbe erklärt. Von Rio de Janeiro oder Belo Horizonte können Sie einen Ausflug mit dem Auto durch die Barockstädte von Minas Gerais machen. Beginnen Sie in Tiradentes, das fast auf halber Strecke liegt, 330 km von Rio, 200 km von Belo Horizonte entfernt. Insgesamt sollten Sie mindestens zwei Übernachtungen einplanen.

Auf der BR 040 geht es bei Barbacena Richtung Westen nach Tiradentes. **Tiradentes** (7000 Ew.) ist eines der charmantesten historischen Städtchen Brasiliens. Benannt wurde der Ort nach dem „Zahnzieher" *(tiradentes),* dem Anführer einer Verschwörung gegen die portugiesische Kolonialmacht, der *Inconfidência Mineira.* In dem komplett renovierten Zentrum entspannen Sie sich wie in einer anderen Welt. Bummeln Sie durch die Gassen der Altstadt, staunen Sie über die vergoldeten Altäre der **Matriz de Santo Antônio** *(9–17 Uhr | 3 R$ | R. da Câmara)* und die schwarzen Heiligen in der von und für Sklaven erbauten Kirche **N. S. do Rosário dos Pretos** *(Di–So 10–17 Uhr | 2 R$ | Pra-*

ça Padre Lourival), und stöbern Sie in den Kunsthandwerksläden: Tiere aus Holz und Sandstein, modernes Design mit Zinn, Sandstein, Glas und Knochen, antike Möbel, Holzskulpturen, Malerei, Web- und Tonarbeiten – das meiste ist sehr schön.

Die *Pousada Três Portas* hat einen beheizten Pool, durch dessen Glasdach der Mond scheint *(9 Zi. | R. Direita, 280 a | Tel. 032 33 55 14 44 | www.pousadatresportas.com.br | €€).* Oberhalb des Dorfes mit Blick auf die Serra de São José liegt die *Pousada Brisa da Serra* mit gepflegten Zimmern, tollem Schwimmbad und erstklassigem Service *(14 Zi. | R. Santíssima Trindade, 520 | Tel. 032 33 55 18 38 | www.brisadaserra.com.br | €€€).* Die kräftige Minas-Küche probieren Sie im *Virada do Largo (Di geschl. | R. do Moinho, 11 | Tel. 032 33 55 11 11 | €)* oder in der *Estalagem do Sabor (So-Abend geschl. | R. M. Gabriel Passos, 280 | Tel. 032 33 55 11 44 | €).* Im 8 km entfernten **Bichinho** wird das in Tiradentes zu kaufende Kunsthandwerk gefertigt, direkt ab Werkstatt zu einem günstigeren Preis.

Rund 100 km sind es von Tiradentes durch die kahlen Berge bis nach **Congonhas** (BR 383). Nicht verpassen dürfen Sie die zwölf in Sandstein gehauenen Apostel von Aleijadinho, die zur **Basílica do Senhor do Bom Jesus de Matosinho** gehören *(Di–So 6–18 Uhr | Praça da Basílica).* Von hier geht es weiter ins 60 km entfernte **Ouro Preto** (64 000 Ew), das früher Vila Rica hieß. In nur 50 Jahren wurden hier über 500 t Gold gefunden, das die Sklaven aus den Minen holten. Die vielen prächtigen Kirchen, die Kolonialgebäude, das Kopfsteinpflaster der steilen Gassen – in Ouro Preto bekommen Sie einen Eindruck vom Reichtum und Geist dieser Zeit, düster und golden, tiefreligiös und gierig zugleich. Die schönste Kirche ist **São Francisco de Assis**. Vom achteckigen Grundriss bis zu den Holzschnitzereien und Skulpturen am Portal – alles wurde von Aleijadinho, dem bedeutendsten Barockkünstler Brasiliens, geschaffen *(6 R$ | Largo de Coimbra)*. In unmittelbarer Nachbarschaft liegt die Kirche **Igreja Nossa Senhora do Carmo**, die einzige mit portugiesischen Kacheln und einer beeindruckenden Sammlung von Gebetsstühlen *(2 R$ | R. Brig. Musqueira)*. Mehrere Hundert Kilo Gold und Silber wurden verwendet beim Bau der **Nossa Senhora do Pilar**, der reichsten Kirche von Minas Gerais *(5 R$ | Praça Mons. Castilho Barbosa)*. Die meisten Kirchen sind montags und und sonntagmorgens geschlossen; an den übrigen Tagen schließen sie in der Mittagszeit. In der **Casa dos Contos** zeugen die Folterinstrumente von den dunklen Seiten der Vergangenheit *(Mo 14–18, Di–Sa 10–18, So 10–16 Uhr | R. São José, 12)*. Übernachten Sie stilvoll im *Laços de Minas,* wo Sie auch einen Nachmittagstee und Kuchen serviert bekommen *(10 Zi. | R. dos Paulistas, 43 | Tel. 031 35 52 25 97 | www.lacosdeminas.com.br | €)*, oder mit Blick auf die Berge in der *Pousada Sinhá Olímpia* außerhalb des Ortes, dafür aber mit Pool *(17 Zi. | R. Dom Helvécio, 180 | Tel. 031 35 51 63 69 | www.sinhaolimpia.com.br | €–€€)*.

③ DIE STRÄNDE VON ALAGOAS

Bei über 8000 km Küste fällt die Wahl schwer: Ganz bestimmt aber gehören die Strände von Alagoas, einem der kleinsten und ärmsten Bundesstaaten im Nordosten, zu den schönsten Brasiliens. Nehmen Sie sich Zeit für die Route, die durch verträumte Fischerorte und Kokoshaine führt. Streckenlänge ca. 200 km.

Starten Sie im historischen Städtchen **Penedo** am Rio São Francisco, 140 km südlich von Maceió. Von hier aus geht es zur dünengesäumten Mündung des Velho Chico und dann auf der AL 101 entlang der Küste Richtung Norden. Die südlichen Strände haben kaum Infrastruktur, Orte wie **Pontal do Coruripe** nur einige einfache Pousadas. Erst in der kleinen Stadt **Barra de São Miguel**, 32 km südlich von Maceió, mit ihrem hübschen Hafen am Rio Niquim haben Sie mehr Auswahl. Hier können Sie auch mit dem Boot zum vielleicht berühmtesten Strand von Alagoas übersetzen, der **Praia do Gunga**, die zwischen Lagune und Ozean inmitten eines Kokoshains liegt. 10 km weiter liegt die **Praia do Francês**, ein alternativ wirkender Strandort mit einfachen Bars, viel Grün und Stränden für jeden Geschmack: Seicht ist das Wasser durch ein vorgelagertes Riff im nördlichen Teil, südlich brechen sich die Wellen für die Surfer. Bis zur Hauptstadt von Alagoas, Maceió, sind es nur noch 20 km. In **Maceió** (930 000 Ew.) konzentrieren sich Hotels und Restaurants entlang der gepflegten Uferpromenade mit ihren schmucken Strandbars – super für den Sundowner – zwischen Ponta Verde und Jatiúca. Im modernen Hotel *Brisa Tower* haben Sie Meerblick *(108 Zi. | Av. Álvaro Otacílio, 4201 | Praia de Jatiúca | Tel. 082 21 22 40 00 | www.hotelbrisatower.com.br | €€)*. Versteckt in einer Nebenstraße liegt die Pousada *Aquarela do Brasil* mit 26 kleinen, aber modernen Zimmern *(R. Desembargador Almeida Guimarães, 367 | Praia de Pajuçara | Tel. 082 32 31 01 13 | www.pousadaaquareladobrasil.com | €)*. Die im flachen Wasser dümpelnden Holz-Jangadas bringen Touristen zu den Korallenriffen und/oder zum Schnorcheln. Ein Klassiker in Maceió ist das *Divina Gula,* wo sich Nordost- und Minas-Küche in Speisen, Getränken und

Ambiente vereinen, am Abend kann es ziemlich voll werden *(Mo geschl. | R. Eng. Paulo Brandão Nogueira, 85 | Stella Maris | Tel. 082 32 35 10 16 | €–€€).*

Je weiter Sie sich von Maceió Richtung Norden entfernen, desto ruhiger werden die Strände. Bis nach **Barra de Santo Antônio** sind es rund 40 km. Früher konnte man nur mit einer Fähre über die Flussmündung übersetzen, inzwischen gibt es eine Brücke, sodass Sie weiter entlang der Küste auf der AL 465 fahren können. Im Inland bedecken Zuckerrohrplantagen die hügelige Landschaft, die Küste wird von Kokospalmenpflanzungen gesäumt. Zwischen Barra de Camaragipe und Japaratinga bekam die Strecke den Namen *Rota Ecológica* hat – ein Marketingschachzug mit Hintergrund: 🌿 Viele der versteckt liegenden Pousadas bemühen sich um den Erhalt des ökologischen und sozialen Gleichgewichts; der Massentourismus ist hier noch nicht angekommen. Die Sandstraße ist jetzt weitestgehend gepflastert oder asphaltiert und führt durch die in den Kokoshainen liegenden Fischerdörfer **São Miguel dos Milagres**, **Porto da Rua** und **Porto de Pedras**, wo die Zeit stehengeblieben zu sein scheint. Das Meer ist türkisgrün und sanft durch die vorgelagerten Korallenriffe, die sich bis nach Recife ziehen. Die geschmackvollen Pousadas liegen direkt am Strand und haben eigene Restaurants. Wer Natur und Ruhe liebt, wähnt sich im Paradies. Die Chalets der *Pousada Borapirá* liegen großzügig in einem Garten verteilt, das Frühstück wird liebevoll auf der Terasse mit Meerblick serviert *(15 Zi. | Praia de Tatuamunha | Tel. 082 32 98 62 23 | www.borapira.com.br | €€).* In **Porto das Pedras** setzen Sie mit einer improvisierten Fähre in wenigen Minuten über den Fluss nach **Japaratinga**. Bis ins 20 km entfernt liegende **Maragogi** wird die Küste immer belebter. Wer Trubel mag, ist in Maragogi richtig, sonst sollten Sie lieber weiterfahren. Die Strandtour endet im 15 km entfernten **São José da Coroa Grande**, das bereits in Pernambuco liegt und ruhige Traumstrände hat.

Fischerdorf ohne Stresspotenzial: Boote bei Porto da Rua

SPORT & AKTIVITÄTEN

Sport und Bewegung werden in Brasilien großgeschrieben. Schon morgens um sechs füllen sich die Strandpromenaden und Grünstreifen entlang der Straßen mit Walkern und Joggern, und bis spät in die Nacht wird auf den beleuchteten Sportplätzen Fußball gespielt.

Volleyball und Basketball, Judo und Karate, Schwimmen und Marathon – die Brasilianer sind ebenso passionierte aktive Sportler wie begeisterte Zuschauer bei Wettkämpfen. Berge und Wälder ermöglichen die verschiedenen Extremsportarten, und an der Küste wird natürlich Wassersport betrieben, allen voran das Surfen. Die teureren Sportarten wie Golfen, Reiten, Segeln oder Tennis können nur die wohlhabenderen Brasilianer praktizieren.

ANGELN

Große Fische angeln Sie im Feuchtgebiet Pantanal, im Amazonasgebiet und an der Küste. Dazu brauchen Sie in Brasilien keinen Angelschein, sondern nur die entsprechende Ausrüstung. Am Strand angeln oder mit einem Fischerboot rausfahren darf jeder; Hochseeangeln ist dagegen ein exklusives, weil teures Vergnügen und deshalb als Hobby bei Brasiliens Millionären beliebt. Ins Pantanal und ins Amazonasgebiet werden von Agenturen mehrtägige Angeltouren angeboten. Sie können ein Schiff – komplett mit Kapitän und Koch – auch am Hafen von Corumbá oder Manaus chartern. Na denn: Petri heil! Infos unter *www.angelmagazin.com/Sued-Amerika.html*

Wasser, Wellen, Wind: Sport in der Natur und ein ausgeprägtes Körperbewusstsein prägen den Homo esportivus brasilensis

BODYSTUDIOS

Im Land des Körperkults gibt's an jeder Ecke Sportstudios. Auch an der Strandpromenade oder auf Plätzen in der Stadt sind Sportgeräte aufgebaut. Ob Sie an Geräten arbeiten oder Gymnastik machen: Es bringt Spaß, und Sie lernen Leute kennen.

FUSSBALL

Fußball wird gespielt, wo es einen Ball gibt. Versuchen Sie einfach mitzuspielen.

Die Fußballvereine unterhalten *escolinhas de futebol,* wo die Kinder trainieren können.

GOLF

Golfplätze gibt es im Einzugsgebiet der großen Städte und in den Urlaubsregionen, oft angeschlossen an eine Resort-Hotelanlage. Auch Nicht-Mitglieder werden meist akzeptiert. In Rio können Sie im *Gávea Golf-Club* in São Conrado putten *(www.gaveagolf.com.br),* der

Clube de Campo in São Paulo liegt in der Nähe der Autorennbahn in Interlagos *(www.fpgolfe.com.br)*. Infos zu den interessantesten Plätzen finden Sie unter *www.brasiliengolf.ch*.

RAD FAHREN

Das Fahrrad ist auf dem Land ein wichtiges Transportmittel, aber Radfahren ist riskant: Radwege gibt es nur wenige, und im Straßenverkehr gilt das Recht des Stärkeren. Dennoch gibt es ein paar schöne Programme: Biken in Rio's Zona Sul, Mountainbiking zwischen Rio und São Paulo oder in Bahia, am besten über einen Anbieter wie *www.brazadv.de*.

REITEN

In den Reitclubs können Sie Unterricht nehmen. Mehrtägige Reiturlaube buchen Sie am besten über einen Veranstalter wie *www.ridingbrazil.de*. Ausritte gehören zum Standardprogramm auf den meisten Fazendas – egal ob im Pantanal, bei den Gauchos oder den Kaffee-Fazendas. *www.cavalgadasbrasil.com.br*

SURFEN

Brasilien ist ein Surfparadies. Entlang der fast 8000 km langen Küste gibt es viele Strände, an denen man surfen *(pegar onda)* kann. Die größten Wellen und die schönsten Strände gibt es auf Fernando de Noronha und bei Itacaré in Bahia. Zur Liste der Surfer-Top-Ten gehören Icaraí in Ceará, Praia da Pipa in Natal, Maracaípe in Pernambuco, Praia do Francês in Maceió, Itacaré in Bahia, Prainha in Rio, Maresias in der Nähe von São Paulo, Praia da Joaquina in Florianópolis und Torres in Rio Grande do Sul.
Die Windsurf-Hochburg sind die Strände und Lagunen Cearás, vor allem Jericoacoara, aber Sie können auch in Salvador, Búzios oder auf der Ilha Bela windsurfen. Auch das Kitesurfen, das waghalsige Surfen am Lenkdrachen, findet man inzwischen überall, *der* Point ist Cumbuco in Ceará. Eine Kite-Surf-Schule mit Pousada ist *Durobeach*. Wie bei vielen der neuen Pousadas in Cumbuco sind die Besitzer Ausländer, die wegen der idealen Bedingungen hier geblieben sind *(17 Zi. | R. Beatriz Correia, 64 | Tel. 085 33 18 74 91 | www.durobeach.com | €–€€)*.

TANZEN

Die meisten Brasilianer sind begnadete Tänzer – normalerweise haben sie sich die Bewegungen irgendwo abgeschaut. Das können Sie auch: bei den Proben der Sambaschulen in Rio oder der Trommelgruppen in Salvador. Ob Samba oder Afro, Jazz oder Ballett – überall im Land gibt es Tanz- und Ballettschulen, Kurse in Sport- und Fitnessstudios. Auch beim Tanz ist vieles der Mode unterworfen: War gerade noch Lambada angesagt, kann es schon kurz darauf *suingue baiano* („Swing aus Bahia") sein.

TAUCHEN & SCHNORCHELN

Das Topziel für Taucher und Meeresliebhaber ist Fernando de Noronha, wo auch Schnorchler sich wie im Aquarium fühlen. Auch vom Festland aus können Sie an verschiedenen Stellan im Nordosten zwischen Ceará und Pernambuco tauchen, Infos unter *www.tauchen-in-brasilien. de*. Abrolhos im Süden von Bahia ist ein Nationalpark und ein Paradies auch für ungeübte Taucher. Zu den besten Tauchgebieten Brasiliens gehört die Gegend um Búzios und die Ilha Grande im Staat Rio de Janeiro. Tauchen können Sie auch in Südbrasilien: Die Ilha do Arvoredo südlich von Florianópolis hat im Som-

Ein Eldorado für Wanderer ist die Chapada Diamantina in Bahia

mer gute Sichtverhältnisse und ist reich an riesigen Zackenbarschen, Rochen und Meeresschildkröten *(Patadacobra in Bombinhas | Tel. 047 33 69 21 19 | www. patadacobra.com.br).* In der Gegend von Bonito schnorcheln und tauchen Sie im klaren Wasser der Flüsse – super auch für Ungeübte. Infos für Pernambuco und Ceará: *www.tauchen-in-brasilien.de*

VOLLEYBALL

Nach Fußball ist Volleyball eine der beliebtesten Sportarten in Brasilien. Die Herren- wie die Damen-Nationalmannschaften liegen bei internationalen Turnieren meist auf den vordersten Plätzen. Im Beachvolleyball ist Brasilien fast unschlagbar. An den Stränden von Rio werden jetzt sogar Trainingsstunden angeboten. *Futevolley* ist eine Erfindung der fußballvernarrten Cariocas: eine Art Beachvolleyball, aber gespielt mit den Füßen.

WANDERN & KLETTERN

Für Wanderer und Kletterer gibt es in Rio und Umgebung etliche Möglichkeiten, in der Natur unterwegs zu sein, wie die Nationalparks von Tijuca und der Serra dos Órgãos bei Teresópolis, die Itatiaia-Region und die Insel Ilha Grande. In Südbrasilien sind die **INSIDER TIPP** Canyons der Aparados da Serra ein Erlebnis. In Bahia können Sie Touren in der Chapada Diamantina machen *(www. terrachapada.com.br).* Am besten, Sie wenden sich an einen Veranstalter, da es meist keine ausgewiesenen Wanderwege gibt. Man braucht einen Guide, der je nach Gebiet u. U. auch von der Behörde anerkannt sein muss. *Centro Excursionista Brasileiro (www.ceb.org.br), Rio Hiking Tours (www.riohiking.com.br), Ecoturismo (www.ecoralph.com). Rapel* heißt das Abseilen, das immer beliebter wird: von überhängenden Felsvorsprüngen, in Canyons, Höhlen oder an Wasserfällen.

MIT KINDERN UNTERWEGS

Kinder sind in Brasilien fast überall willkommen und immer mit dabei – ob im Restaurant, im Karneval oder auf der Silvesterparty. Die meisten Brasilianer lieben es, mit Kindern zu spielen, Spaß zu machen oder sich zu unterhalten.

Kinderfreundlichkeit – den Begriff gibt es gar nicht, das ist eine Selbstverständlichkeit. Dazu kommt die Liebenswürdigkeit im Umgang und die auch auf Kinder zugeschnittene Infrastruktur touristischer Einrichtungen. Viele Hotels und Restaurants haben nicht nur eine Windelecke, sondern auch einen Spielbereich für Kinder oder Animateure für die jungen Gäste. Das Gitterbett für kleinere Kinder wird kostenlos ins Zimmer gestellt. Das freundliche Umfeld hilft über viele Stresssituationen hinweg.

Besonders geeignet für einen Urlaub mit Kindern sind natürlich Ferien am Meer. Im Nordosten ist das Wasser auch im brasilianischen Winter angenehm, im Südosten kann es dagegen richtig kalt sein – und es wird erheblich teurer. Der Aufenthalt auf einer Fazenda, wo die Kinder eng in Kontakt mit der Natur sind, ist ein ebenso aufregendes wie entspannendes Urlaubsprogramm. Die Kinder können reiten, angeln, die Umgebung erkunden, sehen, wo die Milch herkommt, oder in den Swimmingpool springen. Viele der Hotel-Fazendas im Umfeld von Rio de Janeiro und São Paulo haben ein riesiges Freizeitangebot. In den historischen Fazendas wird brasilianische Geschichte auch für Kinder verständlich (eine Adressenübersicht finden

Badespaß, Naturbeobachtung und die Begegnung mit exotischen Tieren lassen keine Langeweile aufkommen

Sie unter: *www.fazendasdobrasil.com. br)*. Am abenteuerlichsten sind jedoch Ferienaufenthalte auf den Fazendas im Pantanal mit Piranha-Angeln (!) und Rindertreiben.

In den Resorthotels, die meist in herrlicher Umgebung liegen, ist die Natur gebändigt, und es gibt ein Unterhaltungsprogramm mit Sport- und Wellnessangeboten. Wer ein richtiges Kinderprogramm möchte, der sollte einen der Freizeitparks besuchen, die es im ganzen Land gibt.

DER SÜDOSTEN

INSTITUTO BUTANTAN

(142 C3) (*H6*)

Vier Fünftel aller Seren zur Behandlung von Schlangenbissen werden in Butantan hergestellt. Das Institut ist über 100 Jahre alt, aber Schlangen, Frösche, Spinnen und Eidechsen faszinieren auch heute noch. Außer dem biologischen gibt es ein historisches und ein mikrobiologisches Museum. *Di–So 9–16.30 Uhr | 6 R$, Kinder bis 7 J. frei | Av. Vital Brasil, 1500 |*

Butantã, São Paulo | Tel. 011 37 26 72 22 |
www.butantan.gov.br

MUSEU CATAVENTO SÃO PAULO
(142 C3) (*ØJ H6*)
Warum stehen die Haare zu Berge? Erkennen Sie den Gesang eines bestimm-
ten Vogels? Haben Sie schon einmal
einen Meteoriten angefasst? Im 1925
eingeweihten *Pálacio das Indústrias* ist
seit kurzem ein naturwissenschaftliches
Museum untergebracht, in dem vieles
zum Ausprobieren ist. Das macht Kindern und Eltern Spaß. Kommen Sie am
Wochenende, denn während der Woche
kommen viele Schulklassen. *Di–So 9–17
Uhr | 6 R$ | Parque D. Pedro II.*

ZOOLÓGICO (142 C3) (*ØJ H6*)
Über 3000 Tiere sind in den Gehegen
des Zoologischen Gartens von São Paulo
zu sehen. Der Zoo ist von Resten Atlan-
tischen Regenwalds umgeben. Es gibt
auch Nachtbesuche und Führungen. *Di–
So 9–17 Uhr | 17 R$, Kinder (6–12 J.) 5,50
R$, unter 6 J. frei | Av. Estefano, 4241 |
Água Funda | www.zoologico.com.br*

DER NORDOSTEN

BEACH PARK FORTALEZA
(137 E3) (*ØJ J2*)
Die ultimative Wasserpark-Anlage auf
35 000 m² mit eigenem Meeresstrand,
der Praia de Porto das Dunas, und Ho-
telanlage, 27 km östlich von Fortaleza.
*Tgl. | 11–17 Uhr, Nebensaison Mi/Do ge-
schl. | Eintritt 130 R$, Kinder 120 R$, 3-Ta-
geskarte 169 R$ | www.beachpark.com.br*

PROJETO BALEIA-JUBARTE
(139 F2) (*ØJ J5*)
Von Juli bis November kommen die Wale
aus der Antarktis in die warmen Gewässer Bahias zur Paarung und Aufzucht der
Jungen. Die bis zu 16 m großen und bis

zu 40 t schweren Tiere können in Begleitung von Biologen der Forschungsstati-
on *Instituto Baleia Jubarte* beobachtet
werden. In der Walsaison können Sie
zwischen Abrolhos und Praia do Forte an
mehreren Stellen rausfahren. Touranbie-
ter finden Sie auf *www.baleiajubarte.org.
br* unter *whalewatching.*

PROJETO TAMAR PRAIA DO FORTE
(133 F2) (*ØJ J5*)
Das Hauptquartier des Projekts zum
Schutz der Meeresschildkröten liegt in
Praia do Forte, Bahia, wo auch andere
Meeresbewohner in Becken und Aquari-
en zu sehen sind. Von Dezember bis Februar kann man den Forschern zuschauen,
wie Sie die frisch geschlüpften Schildkröten an den Stränden ins Meer entlassen.
*Tgl. 9–18 Uhr | 16 R$ | Av. ACM | Praia do
Forte | www.tamar.org.br.*

Y-PARK (137 E3) (*ØJ J2*)
Der Freizeitpark 30 km südlich von
Fortaleza mit Tarzan-Schwinger, Kletter-
wand und einem künstlich angelegten
See mit Kajaks auf der Fazenda *Ypioca*
macht auch größeren Kindern Spaß. Die
Erwachsenen interessieren sich meist
mehr für das *Museo da Cachaça* des
landesweit größten Herstellers von
Zuckerrohrschnaps. *Di–So 8.30–17 Uhr |
16 R$ | CE 065, Rod. Sen. Virguílio Távora |
Maranguape*

AMAZONIEN

BOSQUE DA CIÊNCIA (135 D3) (*ØJ E2*)
Für einen Ausflug mit Kindern eignet sich
der zum Nationalen Forschungsinstitut
Amazoniens (INPA) gehörenden Park
mit Tieren und Pflanzen des Regenwalds,
Indiohütten und einer kleiner naturwis-
senschaftlichen Ausstellung. *Di–Fr 9–12,
14–17, Sa/ So 9–17 Uhr | 3 R$ | Alam. Cos-
me Ferreira, 1756 | Aleixo, Manaus*

Zum Karneval bunt herausgeputzt: Mädchen beim Eisessen

DER WESTEN

BONITO (138 B3) (*F6*)

Eine Reise ins Pantanal oder nach Bonito werden Ihre Kinder nie vergessen. Zu intensiv sind die Eindrücke, die die geballte Natur hinterlässt. Wer sich nicht für eine abgelegene Fazenda entscheiden mag, der kann nach Bonito gehen. Nirgends sonst in Brasilien ist Naturtourismus so gut organisiert wie hier. Im Hotel *Santa Esmeralda (17 Zi. | Antiga Estrada Bonito–Guia Lopes | Tel. 067 32 55 26 83 | www.hotelsantaesmeralda.com.br | €€–€€€)* kommen Araras zu Besuch. Wasserschweine, Affen und Vögel müssen beim Frühstück draußen bleiben, und der Rio Formoso, der direkt am Hotel verläuft, eignet sich zum Schwimmen, Schnorcheln und Kajakfahren. Besuchen Sie das *Balneário Municipal,* ein Naturfreibad, und bewundern Sie die Fische im klaren Wasser. Es gibt auch geführte Touren, die mit Kindern machbar sind, z. B. eine Halbtagestour zum Rio Formoso mit Erklärungen zu Flora und Fauna. Oder besuchen Sie die *Estância Mimosa,* wo es ein köstliches Mittagessen gibt.

DER SÜDEN

CANELA UND GRAMADO (138 C5) (*G7*)

Die beiden Schwesterstädte in Rio Grande do Sul pflegen das Brauchtum ihrer europäischen Vorfahren. Dazu gehören süße Marmeladen, Kuchen und Schokolade, die hier in über 30 Manufakturen hergestellt werden, z.B. bei *Caracol, Reino do Chocolate (Av. das Hortêncis, 5352 | Canela)*. In der Vorweihnachtszeit werden Häuser und Bäume geschmückt, Weihnachtsmärchen und Weihnachtslieder präsentiert – über eine Million Menschen kommen zum „Natal da Luz". Auch ein Internationales Puppentheaterfestival gibt es jedes Jahr im September/Oktober in Canela.

EVENTS, FESTE & MEHR

Unbändige Lebensfreude und die Fähigkeit, trotz der oft widrigen persönlichen Situation den Moment zu zelebrieren, sind typisch für die meisten Brasilianer.

FESTE & VERANSTALTUNGEN

JANUAR

Das ▶ ⭐ *Bonfim-Fest* (2. Do) in Salvador ist die wichtigste *lavagem* des bahianischen Sommers, zu der fast 1 Mio. Menschen kommen. *Lavagem* heißen die rituellen Waschungen der Kirchen katholischer Schutzheiliger durch die weiß gekleideten Bahianerinnen des Candomblé.

FEBRUAR/MÄRZ

Am 2. Feb. feiern die Bahianer die ▶ INSIDER TIPP *Festa de Yemanjá*. Dann werden der afrikanischen Meeresgöttin Blumen und Geschenke gebracht, die die Fischer in riesigen Körben dem Meer übergeben.

▶ ⭐ *Karneval* wird – abhängig vom religiösen Kalender – im Februar oder März gefeiert. Dann steht in ganz Brasilien der Alltag still, auch wenn nicht alle Brasilianer feiern. Viele nutzen die Tage für eine Reise, um vor dem Karneval zu flüchten, zur Entspannung oder eben doch zum Feiern *(siehe S. 21).*

MÄRZ/APRIL

Die ▶ *Osterprozessionen* in den Barockstädten von Minas Gerais beeindrucken durch die Hingabe der Mitwirkenden.

APRIL/MAI

Das ▶ INSIDER TIPP *Opernfestival in Manaus* wird jedes Jahr ab Ende April vier Wochen im Teatro Amazonas veranstaltet. *www.teatroamazonia.com.br*

JUNI

▶ ● INSIDER TIPP *Die Festas Juninas* („Junifeste") zu Ehren der Schutzheiligen Santo Antônio (13.), São João (24.) und São Pedro (29.) sind auf dem Land im Nordosten wichtiger als Karneval. In jedem noch so kleinen Ort wird São João

Karneval und die Feste der Schutzheiligen: Lebensfreude, Musik und Tanz, Essen und Trinken sind immer dabei

mit geröstetem Mais, Erdnüssen, hausgemachtem Likör und viel Forró-Musik gefeiert. Festhochburgen: Caruaru und Campina Grande.

In Maranhão werden zwischen Juni und August zahlreiche ▶ *Bumba-meu-boi*-Feste veranstaltet. *Bumba-meu-Boi* ist ein Mysterienspiel, das mit viel Musik (Ziehharmonika, Tamburin und Membraphon) endet.

▶ *Festival de Parintins:* Zum dreitägigen Wettstreit um die beste Tanzpräsentation kommen am letzten Juniwochenende bis zu 40 000 Besucher nach Parintins (Amazonas).

AUGUST

▶ *Festa da Boa Morte* in Cachoeira: Die Prozession mit Samba de Roda am 15. ist der Höhepunkt des Fest der ▶ *Irmandade da Boa Morte,* der einzigen „schwarzen" Schwesternschaft Brasiliens.

Die ▶ INSIDERTIPP▶ *Festa do Peão Boiadeiro* in Barretos, das größte Country-Fest Brasiliens, wird seit 50 Jahren in der 2. Augusthälfte mit Musikshows und Rodeos veranstaltet.

OKTOBER

Das zweiwöchige ▶ *Oktoberfest* in Blumenau ist seit den 1980er-Jahren beliebt. Zum ▶ *Círio de Nazaré* kommen am 2. Oktoberwochenende über 1 Mio. Menschen nach Belém. Bei der Prozession wird das Bild der hl. Mutter von Nazareth durch die Straßen der Stadt zur Basilika getragen.

DEZEMBER

▶ *Silvester* verbringt man am besten am Strand. Dann sind die meisten Menschen weiß gekleidet und bitten die Meeresgöttin um die Erfüllung ihrer Wünsche. ★ Zur tollsten Silvesterparty Brasiliens am Strand von Copacabana in Rio kommen über 1 Mio. Menschen, um das neue Jahr mit großartigem Feuerwerk willkommen zu heißen.

ICH WAR SCHON DA!

Drei User aus der MARCO POLO Community verraten ihre Lieblingsplätze und ihre schönsten Erlebnisse

MANIOKVERARBEITUNG

Santarém ist die drittgrößte Stadt im Amazonasgebiet und befindet sich etwa in der Mitte zwischen Belém und Manaus. Hier erfuhren wir eine Menge über die Geschichte und das Leben der Einheimischen. Hier kann man sich z.B. die Verarbeitung von Maniok, einem beliebten, kartoffelähnlichen Gemüse, vorführen lassen. Besonders begeistert waren wir von den tollen Sandstränden am smaragdgrünen Tapajós-Fluss. Vor allem der Traumstrand von *Alter do Chão,* einem kleinen Fischerort (ca. 35 km von Santarém), hat es uns angetan. Dies ist ein sehr beliebter Badeort der Einwohner von Santarém. **Blume82 aus Mainz**

FORTE SÃO MARCELO

Ein schöner Ausflug führte mich mit dem Boot zur Festung *Forte São Marcelo,* die sich in wunderbarer Lage auf einer kleinen Insel unmittelbar vor der Unterstadt von Salvador befindet. Der Besuch lohnt sich alleine schon wegen des 360-Grad-Blicks auf die bezaubernde Bucht und das atemberaubende Hochhauspanorama von Salvador. **boddy aus Teublitz**

TAGESTOUR DURCH RIO

Der Weg zu Rios Wahrzeichen ist eine Tagesreise wert: Man erreicht den Zuckerhut entlang der Strände durch den Parque do Flamengo. Weiter geht's an die Praia de Botafogo und dort am Kleinboothafen vorbei zur Talstation der Seilbahn. Oben auf dem Zuckerhut liegt einem die Stadt zu Füßen. **marq aus Köln**

Haben auch Sie etwas Besonderes erlebt oder einen Lieblingsplatz gefunden, den nicht jeder kennt? Gehen Sie einfach auf www.marcopolo.de/mein-tipp

LINKS, BLOGS, APPS & MORE

LINKS

▶ www.marcopolo.de/brasilien Alles auf einen Blick zu Ihrem Reiseziel: Interaktive Karten inklusive Planungsfunktion, Impressionen aus der Community, aktuelle News und Angebote …

▶ www.brasilienportal.ch Inzwischen schon fast ein „Klassiker" ist dieses Informationsportal zu Brasilien (Deutsch)

▶ www.brasilien-links.de Portal mit Links zu allen Themenbereichen zu Brasilien: Reiseinfos, Sprachkurse, soziale Projekte, Blogs, Online-Shops u.v.m.

▶ www.tropenwaldnetzwerk-brasilien.de Forum von Nichtregierungs-Organisationen und Verbänden, die sich mit ökologischen, sozialen und kulturellen Fragen zum Tropenwald in Brasilien befassen

▶ www.allbrazilianmusic.com Brasilianische Musik und ihre Interpreten, Biografien und Diskografien – umfassender geht's nicht. Mit Hörbeispielen und allen Infos (Englisch und Portugiesisch)

▶ www.sambafoot.com Für Fußballfans: brandaktuell mit allen Ergebnissen und Informationen zu Spielern, Clubs und Spielen (Englisch)

BLOGS & FOREN

▶ www.braziltravelblog.com Regelmäßig aktualisierter Blog mit den Erfahrungen und Tipps anderer Reisender (Englisch)

▶ brasilienaktuell.blogspot.com Wirtschaftsblog mit seriösem Zahlen- und Hintergrundmaterial; nicht nur für Geschäftsleute interessant (Deutsch)

▶ brasilienmagazin.net Nachrichten und Reportagen aus Brasilien mit Schwerpunkt Unterhaltung und Tourismus (Deutsch)

▶ brasil2014.fm Der Blog zur Fußball-WM 2014 mit aktuellen WM-News und Infos zu Stadien, Spielplänen und der brasilianischen Mannschaft (Deutsch)

Egal, ob Sie sich auf Ihre Reise vorbereiten oder vor Ort sind: Mit diesen Adressen finden Sie noch mehr Informationen, Videos und Netzwerke, die Ihren Urlaub bereichern. Da manche Adressen extrem lang sind, führt Sie der kürzere short.travel-Code direkt auf die beschriebenen Websites

VIDEOS, STREAMS & PODCASTS

▶ short.travel/bra1 90 stimmungsvolle Minuten mit impressionistischen Bildern von Landschaften und Menschen – ein Film ohne Kommentar

▶ short.travel/bra2 Spannende ARTE-Dokumentation der Graffitiszene von São Paulo aus der Reihe *Arte Metropolis* (7:30 Min.)

▶ www.brazilmycountry.com Von einer Brasilianerin gemachte Homepage mit vielfältigen Infos über Brasilien, z.B. auch zum Essen (Engl./Port.). Über 60 Podcasts gibt es schon – von Afro-Sambas bis zu Chiclete com Banana, sehr schöne Auswahl von Musiktiteln und -richtungen

▶ muquecadesiri.podomatic.com Samba-Web-Radio aus Rio de Janeiro, seit über fünf Jahren im Netz mit aktueller Musik und Infos (Portugiesisch)

APPS

▶ Hot Rádio Brasil Mit dieser kostenlosen App sind Sie immer nah am Puls von Brasilien. Es lassen sich fast alle Radiostationen in Brasilien empfangen

▶ Brasil Mobile – Guia Turístico Die Apps liefern Infos zu Restaurants, Hotels und Sehenswürdigkeiten in der Nähe des Standorts. Bisher für Rio de Janeiro, São Paulo, Brasília, Belo Horizonte und Florianópolis, zusammengestellt von *Embratur*

▶ Infraero Voos Online Infos zu Ankunft und Abflugzeiten in 50 brasilianischen Flughäfen; Sie erfahren außerdem, wie weit Sie vom nächsten Flughafen entfernt sind (gratis)

▶ Aves do Brasil – Mata Atlântica iPhone in den Urwald halten, und die App erkennt, welcher Vogel da gerade singt

NETWORK

▶ short.travel/bra3 Die Brasilien-Seite der Geo-Reisecommunity bietet umfangreiche Informationen, Tipps, Reiseberichte, Blogs und Fotos und ermöglicht wertvollen Erfahrungsaustausch mit anderen Travellern

▶ short.travel/bra4 Hilfreiches Reiseforum der internationalen Lonely-Planet-Gemeinde. Gedankenaustausch auf Englisch

PRAKTISCHE HINWEISE

ANREISE

✈ São Paulo und Rio de Janeiro erreichen Sie mit Direktflügen aus Europa: mit Lufthansa ab Frankfurt/M. und München *(www.lufthansa.com),* mit Swiss ab Zürich *(www.swiss.com).* Auch KLM, Iberia, British Airways und Air France fliegen mehrmals die Woche. Die meisten Verbindungen nach Brasilien, auch in den Nordosten, unterhält die portugiesische TAP *(www.flytap.com).* Auch die brasilianische TAM fliegt direkt nach Frankfurt *(www.tam.br.com).* Die Preise variieren je nach Fluggesellschaft und Jahreszeit. Ein Ticket kostet zzt. ab 800 Euro aufwärts, mit Glück gibt es ein Schnäppchen für um die 600 Euro. Condor fliegt zweimal die Woche von Frankfurt direkt nach Salvador *(www.condor.de).* Auch aus dem europäischen Ausland kommen Sie mit Charterflügen in den brasilianischen Nordosten, z.B. mit Air Europa ab Spanien und mit Livingston ab Italien. Die Flugzeit aus Deutschland beträgt 10–12 Stunden.

🚢 Auch mit dem Schiff kommen Sie nach Brasilien, dafür brauchen Sie nur Zeit: Zwei Wochen dauert die Seereise von Hamburg, Rotterdam oder Genua auf einem Frachter. Ab 1100 Euro inkl. Vollverpflegung, zu buchen bei *www. frachtschiffreisen-pfeiffer.de (Tel. 0202 45 23 79).*

AUSKUNFT

BRASILIANISCHES FREMDENVERKEHRSAMT
Börsenplatz 4 | 60313 Frankfurt/M. Tel. 069 96 23 87 33 | www.braziltour.com

AUTO & MIETWAGEN

Einen Leihwagen bekommen Sie an jedem Flughafen und in den größeren Städten. Dafür brauchen Sie einen internationalen Führerschein und eine Kreditkarte. Das Auto muss dort wieder abgegeben werden, wo es ausgeliehen wurde, sonst wird es extrem teuer. Die lokalen Anbieter sind oft günstiger *(150–180 R$/ Tag)* als die internationalen Firmen. Eine komplette Vollkaskoversicherung gibt es nicht, ein Eigenanteil bleibt im Schadensfall erhalten.
Bedenken Sie, dass Autofahren in Brasilien gefährlicher ist als in Deutschland: Die z. T. schlechten Straßenverhältnisse, die unzureichend ausgeschilderte Straßenführung, dazu der flotte Fahrstil und

GRÜN & FAIR REISEN

Auf Reisen können auch Sie mit einfachen Mitteln viel bewirken. Behalten Sie nicht nur die CO_2-Bilanz für Hin- und Rückflug im Hinterkopf *(www.atmosfair.de),* sondern achten und schützen Sie auch nachhaltig Natur und Kultur im Reiseland *(www. gate-tourismus.de; www.zukunft- reisen.de; www.ecotrans.de).* Gerade als Tourist ist es wichtig, auf Aspekte zu achten wie Naturschutz *(www. nabu.de; www.wwf.de),* regionale Produkte, Fahrradfahren (statt Autofahren), Wassersparen und vieles mehr. Wenn Sie mehr über ökologischen Tourismus erfahren wollen: europaweit *www.oete.de;* weltweit *www.germanwatch.org*

Von Anreise bis Zoll

Urlaub von Anfang bis Ende: die wichtigsten Adressen und Informationen für Ihre Brasilien-Reise

das Ignorieren vorhandener Verkehrszeichen erhöhen das Risiko. Nachts sollten Sie außerhalb der Städte aus Sicherheitsgründen nicht unterwegs sein.

BANKEN & KREDITKARTEN

Euro oder Schweizer Franken können Sie in Brasilien bei der Banco do Brasil tauschen. Das geht allerdings nicht in jeder Filiale, und meist fallen dabei Gebühren an. Besser tauschen Sie meist in den Wechselstuben *(casas de câmbio),* die in den Flughäfen oder den Stadtzentren liegen. Problemlos Bargeld bekommen Sie an Geldautomaten. Dafür benötigen Sie eine EC-Karte mit Maestro/Cyrrus-Symbol oder eine Kreditkarte und PIN-Nummer. Beim Abheben an Geldautomaten sollten Sie darauf achten, dass Sie nicht beobachtet werden, und das Geld nicht öffentlich nachzählen. Aus Sicherheitsgründen haben die meisten Geldautomaten abends und nachts eine Auszahlungssperre.

Weit verbreitet ist die Zahlung mit Kreditkarten, meist Visa oder Mastercard, auch bei kleineren Beträgen. Über die Maestro/Cyrrus-Geldkarte mit PIN-Nummer können Sie in vielen Geschäften auch direkt vom deutschen Konto zahlen. Travellerschecks sind schwierig zu tauschen.

CAMPING

Die Ausstattung der wenigen Campingplätze ist einfach und nicht vergleichbar mit europäischen Standards. In der freien Natur sollte man aus Sicherheitsgründen nicht übernachten. Adressen finden Sie auf der Website des Camping Clube do Brasil: *www.campingclube.com.br*

WÄHRUNGSRECHNER

€	BRL	BRL	€
1	2,52	1	0,40
2	5,04	20	8,00
3	7,56	25	10,00
4	10,08	30	12,00
5	12,60	40	16,00
7	17,64	50	20,00
10	25,20	70	28,00
25	63,00	125	50,00
125	315,00	150	60,00

DIPLOMATISCHE VERTRETUNGEN

DEUTSCHE BOTSCHAFT
Av. das Nações, Quadra 807, Lote 25 | Setor Sul | 70415900 Brasília/DF | Tel. 061 34 42 70 00 | www.brasilien.diplo.de

ÖSTERREICHISCHE BOTSCHAFT
Av. das Nações, Quadra 811, Lote 40 | Setor Sul | 70426900 Brasília/DF | Tel. 061 34 43 31 11 | www.bmeia.gv.at

BOTSCHAFT DER SCHWEIZ
Av. das Nações, Quadra 811, Lote 41 | Setor Sul | 70448900 Brasília/DF | Tel. 061 34 43 55 00 | www.eda.admin.ch/brasilia

EINREISE

Bei der Einreise nach Brasilien muss der Reisepass noch mindestens sechs Monate gültig sein. Von der *Polícia Federal* bekommen Sie ein 90 Tage gültiges Touristenvisum. Das ausgefüllte Einreiseformular mit dem Pass vorzeigen und aufbewahren. Wollen Sie länger bleiben, können Sie noch einmal 90 Tage verlängern. Bei der Ausreise müssen Sie das Einreiseformular wieder abgeben.

GESUNDHEIT

Wer die übliche Vorsicht walten lässt (kein ungeschältes Obst essen, kein Wasser aus dem Hahn trinken) und sich bestmöglich vor Mückenstichen schützt, wird kaum Probleme bekommen. Die meisten Medikamente erhalten Sie rezeptfrei in der Apotheke. Bei Ärzten müssen Sie die Behandlung erst einmal selbst bezahlen. Auch im Krankenhaus sollte man die Kreditkarte dabeihaben. Impfungen sind bei der Einreise aus Europa nicht vorgeschrieben. Sinnvoll sind die üblichen Schutzimpfungen gegen Tetanus, Diphtherie, Polio, Typhus und Hepatitis A. Für Amazonien und das Pantanal sollte man eine Gelbfieberimpfung machen und das auch nachweisen können, da gelegentlich kontrolliert wird.

INLANDSFLÜGE

Gol (www.voegol.com.br) und *TAM* sind die wichtigsten Fluggesellschaften. Die *Varig* gehört inzwischen zur Gol, aber mehrere kleinere Fluggesellschaften mit günstigen Tarifen sind hinzugekommen, wie *Azul (www.voeazul.com.br), Ocean Air (www.oceanair.com.br)* und *Webjet (www.webjet.com.br)*. Für Inlandsflüge empfiehlt sich ein *Brazil Airpass,* z.B. von

BÜCHER & FILME

▶ **Brasilien. Ein Land der Zukunft** – Noch immer aktuell ist Stefan Zweigs 1941 erschienene Liebeserklärung an das Land, in dem er das letzte Jahr seines Lebens verbracht hat.

▶ **Brasilien, Brasilien** – Das epische Werk (1984) des bahianischen Autors João Ubaldo Ribeiro schildert plastisch die brasilianische Geschichte.

▶ **Die Herren des Strandes** – Keiner hat die Menschen Bahias so treffend beschrieben wie Jorge Amado in über 20 Romanen. Dieser (1937) erzählt vom harten Leben der Straßenkinder.

▶ **Moro no Brasil/Brasileirinho** – Zum Einstieg eignen sich diese beiden musikalischen Roadmovies des finnischen Filmemachers Mika Kaurismäki: das erste eine brasilianische Reise von Rio in den Nordosten (2002), das zweite ein Film über Chorinho-Musik (2006).

▶ **Cidade de Deus/Cidade dos Homens** – In den Filmen (beide 2002) von Fernando Meirelles geht es um den Alltag Jugendlicher in den Favelas und Vorstädten von Rio zwischen Familie, Freunden, Drogendealern und Polizei.

▶ **Central do Brasil** – Film von Walter Salles, der Brasilien ohne Glanz und Glamour zeigt und 1998 den Goldenen Bären der Berlinale erhielt.

▶ **Tropa de Elite 1 + 2** – Die Geschichte des Capitão Nascimento, die der Filmemacher José Padilha erzählt, zeigt die harte Realität Rio de Janeiros: Geschichten von Drogenbossen und Polizei. Der erste Teil wurde ebenfalls mit dem Goldenen Bären in Berlin ausgezeichnet.

TAM, Kosten ab 670 US$. Ein Airpass muss im Ausland in Verbindung mit der Anreise gekauft werden..

INTERNETCAFÉS & WLAN

Internetcafés gibt's in ganz Brasilien, WLAN-Hotspots inzwischen auch in abgelegenen Gegenden; in den bessseren Hotels gehört es zum Standard – allerdings nicht immer kostenlos.

JUGENDHERBERGEN

Die Zahl der Hostels in Brasilien ist in den letzten Jahren gestiegen. Außer Gruppenräumen gibt es auch DZ, die aber bis zu 90 Euro kosten können. Im Gruppenzimmer liegen die Preise bei 10–20 Euro/Pers. (Frühstück inkl.). Ermäßigungen gibt es mit Jugendherbergsausweis *(www.hostel.org.br)*. In den zur *Hostelling International Association* gehörenden HI-Hostels ist die Qualität meist gut; Online-Reservierung unter *www.hihostels.com*.

KLIMA & REISEZEIT

Brasilien liegt auf der Südhalbkugel, das bedeutet: Die Sommermonate sind Dez.–Feb., Winter ist Juni–Aug. Dann regnet es häufiger, und in São Paulo brauchen Sie eine warme Jacke. Zum Badeurlaub eigenen sich die Strände im Süden nur im Sommer. Im Nordosten können Sie das ganze Jahr über ins Wasser. In Rio und Umgebung haben Sie immer eine kalte Strömung, Juli/Aug. kann es recht frisch sein. Die Costa Verde südlich von Rio hat den Namen vom vielen Regen, der vor allem in den Sommermonaten fällt. Auch in den Bergen des Südostens kann im Sommer heftiger Regen fallen. Die Nähe zum Äquator bestimmt das tropische Klima: Je weiter südlich, desto größer sind die Temperaturunterschiede zwischen Sommer und Winter; in Südbrasilien kann es sogar schneien. Dicht am Äquator ist es heiß und regnet es viel. Die Regenzeit fällt in den Sommer, die trockeneren Monate sind April–Sept. Hochsaison in Brasilien ist Mitte Dez.–Mitte Feb., Zeit der Sommerferien. Auch Juni/Juli ist Ferien- und Reisezeit, rund um die Johannisfeste gibt es frei. Karneval und Silvester verdreifachen sich die Preise. Die schönsten Reisezeiten für ganz Brasilien sind Okt./Nov. und März/April; Anfang Mai–Mitte Juni sind einige Pousadas geschlossen.

WAS KOSTET WIE VIEL?

Caipirinha	**ab 4 Euro**
	für ein Glas in der Bar
Bier	**ab 2,50 Euro**
	Glas oder Flasche
Flip-Flops	**ab 16 Euro**
	für ein Paar
Acarajé	**ab 2,30 Euro**
	für ein Teigbällchen mit Beilagen
Benzin	**um 1, 15 Euro**
	für einen Liter Normal
T-Shirt	**ab 20 Euro**
	für ein Shirt

NOTRUF

Polizei *Tel. 190*, Feuerwehr *Tel. 193* – aber: ohne Sprachkenntnisse ist die Kommunikation schwierig.

ÖFFENTLICHE VERKEHRSMITTEL

Mit dem Bus kommen Sie in Brasilien überall hin, Bahnlinien gibt es dagegen kaum. Die Busse der Überlandstrecken sind modern und je nach Klasse sehr bequem, besonders die Liegebusse *(leitos)*. Wegen der niedrigen Flugpreise lohnt es sich inzwischen aber auch schon auf mittleren Strecken zu fliegen *(s. Inlandsflüge)*. Die Metros in Rio de Janeiro, São Paulo und Porto Alegre funktionieren perfekt.

POST

Briefe, Postkarten und Päckchen bringt man zu einem Postamt *(correio)*, Briefkästen gibt es fast keine. Die Öffnungszeiten sind normalerweise Mo–Fr 8–17, Sa 8–12 Uhr. Briefe nach Europa sind rund eine Woche unterwegs; das Porto für einen Standardbrief beträgt ca. 0, 80 Euro.

PREISE & WÄHRUNG

Seit der Einführung des Real ist der Wechselkurs keinen großen Schwankungen mehr unterworfen. Zzt. bewegt er sich bei 2,52 R$ für 1 Euro. Im Hotel gibt's weniger. Die größte Real-Note ist der blaue 100-Real-Schein, den Sie jedoch selten bekommen. Häufiger im Umlauf sind die braunen 50-Real-Scheine. Die kleineren Noten zu 20 (gelb), 10 (rot), 5 (lila) und 2 (blau) sollten Sie immer dabeihaben. Die Münze zu 1 Real erinnert an die 1-Euro-Münze, außerdem gibt es je zwei verschiedene 50-, 25-, 10- und 5-Cent-Münzen. Selten werden Sie eine 1-Cent-Münze bekommen, da rundet

WETTER IN RIO DE JANEIRO

	Jan.	Feb.	März	April	Mai	Juni	Juli	Aug.	Sept.	Okt.	Nov.	Dez.
Tagestemperaturen in °C	30	30	29	27	26	25	25	25	26	26	26	28
Nachttemperaturen in °C	23	23	23	21	20	18	18	18	18	20	20	22
Sonnenschein Stunden/Tag	7	7	7	6	6	6	6	7	5	5	6	6
Niederschlag Tage/Monat	13	11	9	9	6	5	5	4	5	11	10	12
Wassertemperaturen in °C	25	25	26	25	24	23	22	22	22	22	23	24

man lieber auf oder ab. Auch 1-Real-Scheine existieren noch, sind aber praktisch nicht mehr im Umlauf.

Durch den starken brasilianischen Real ist Reisen in Brasilien vergleichsweise teuer geworden. Besonders im Südosten ist das Preisniveau hoch. Der Aufenthalt in Lodges in Amazonien und im Pantanal ist auch bedingt durch die schwierige Versorgung teuer. Am günstigsten machen Sie Ferien im Nordosten.

SICHERHEIT

In kleinen Orten am Strand, in den Bergen oder in der Wildnis des Pantanal müssen Sie sich keine Gedanken um Ihre Sicherheit machen. In den Großstädten jedoch ist Kriminalität Thema Nr. 1. Hier sollten Sie nach Einbruch der Dunkelheit einsame Ecken und den Strand meiden. Sollten Sie in einen Überfall geraten, leisten Sie auf keinen Fall Widerstand. Denken Sie daran, dass alles zu ersetzen ist, besonders wenn Sie eine Reisegepäckversicherung abgeschlossen haben.

STROM

Meist liegt die Stromspannung bei 110 Volt, in manchen Regionen sind es aber auch 220 Volt. Schauen Sie genau nach, oder erkundigen Sie sich vorher.

TELEFON & HANDY

Das brasilianische Telefonnetz ist gut ausgebaut, funktionierende öffentliche Telefone zu finden, ist aber schwierig. Bei Auslandsgesprächen wählen Sie 00 plus einen Anbieter, plus Ländervorwahl (Deutschland 49, Österreich 43, Schweiz 41). Die Vorwahl nach Brasilien ist 0055. Bei Inlandsferngesprächen wählen Sie 0 plus Anbieter plus Vorwahl. Handys *(celulares)* funktionieren inzwischen fast

überall. Einen lokalen Chip der vier großen Anbieter *Vivo, Tim, Claro* oder *Oi* können Sie nur mit brasilianischer Steuernummer (CPF) kaufen. Die haben Sie natürlich nicht. Häufig sind aber Taxifahrer, Verkäuferinnen in den Telefonläden oder Servicekräfte in den Hotels bereit, Ihnen mit ihrer eigenen CPF auszuhelfen. Dafür sollten Sie sich mit einer kleinen Aufmerksamkeit bedanken. Die Prepaidkarte bekommen Sie meist schon mit einem kleinen Guthaben *(pré-pago)*.

TRINKGELD

Die meisten Restaurants und Bars berechnen automatisch 10 Prozent Trinkgeld. Im Allgemeinen wird diese *taxa de serviço* bezahlt, es besteht jedoch keine gesetzliche Verpflichtung dazu. Wenn Sie zufrieden waren, runden Sie auf, meist lebt der Kellner vor allem vom Trinkgeld, so wie Kofferträger und andere Dienstleister, die sich über eine *gorjeta* freuen.

ZEIT

In Brasilien gibt es vier Zeitzonen. Im größten Teil des Landes gilt die Uhrzeit von Brasília; der Zeitunterschied zur MEZ liegt bei vier Stunden. Je nach Sommerzeit-Veränderungen kann die Zeitverschiebung drei oder fünf Stunden betragen.

ZOLL

Im Flugzeug bekommen Sie bei der Einreise eine Zolldeklaration, die Sie nach Empfang der Koffer beim Zollbeamten abgeben. Geschenke bis 500 US$ sind frei, Bargeld bis zu 10 000 R$. Empfindlich sind die Beamten bei Computertechnologie. Bei der Rückreise in ein EU-Land dürfen abgabenfrei eingeführt werden: Waren im Wert von 430 Euro, 200 Zigaretten, 1 l Spirituosen und 2 l Wein.

SPRACHFÜHRER PORTUGIESISCH

AUSSPRACHE

Zur Erleichterung der Aussprache sind alle portugiesischen Wörter mit einer einfachen Aussprache in eckigen Klammern versehen. ' vor einer Silbe bedeutet,
dass die nachfolgende Silbe betont wird. Das L wird „dunkel" wie im Englischen,
das sch in den meisten Fällen stimmhaft wie in „Genie" ausgesprochen.

AUF EINEN BLICK

ja/nein/vielleicht	sim [ßiing]/não [nau]/talvez [tal'wesch]
bitte	se faz favor [ß fasch fa'wor]
danke	obrigado (m)/obrigada (f) [obri'gadu/obri'gada]
Entschuldige!	Desculpa! [disch'kulpa]/
Entschuldigen Sie!	Desculpe! [disch'kulp]
Darf ich ...?	Posso ...? ['poßu]
Wie bitte?	Como? ['komu]
Ich möchte .../	Queria ... [kö'ria]
Haben Sie ...?	Tem ...? [täi]
Wie viel kostet ...?	Quanto custa ...? ['kuantu 'kuschta]
Das gefällt mir (nicht)	(Não) Gosto disto [(nau) 'goschtu 'dischtu]
gut/schlecht	bem [bäi]/mal [mal]
kaputt/funktioniert nicht	estragado [ischtra'gadu]/não funciona [nau fung'ziona]
zu viel/viel/wenig	demais [de'maisch]/muito ['muitu]/pouco ['poku]
alles/nichts	tudo ['tudu]/nada ['nada]
Hilfe!/Achtung!	Socorro! [ßu'korru]/Atenção! [atten'ßau]
Krankenwagen	ambulância [ambu'langßia]
Polizei/Feuerwehr	polícia [pu'lißia]/bombeiros [bom'bäirusch]
Verbot/verboten	interdição [interdi'ßau]/proibido [prui'bidu]

BEGRÜSSUNG & ABSCHIED

Gute(n) Morgen!/Tag!/	Bom dia! [bong 'dia]/Bom dia! [bong 'dia]/Boa
Abend!/Nacht!	tarde! ['boa 'tard]/Boa noite! ['boa 'noit]
Hallo!/Auf Wiedersehen!	Olá! [o'la]/Adeus! [a'däusch]
Tschüss!	Cião! [tschau]
Ich heiße ...	Chamo-me ... ['schamu-me]
Wie heißen Sie?	Como se chama? ['komu se 'schama]
Wie heißt Du?	Como te chamas? ['komu te 'schamas]
Ich komme aus ...	Sou de ... [souh dö]

Falas português?

„Sprichst du Portugiesisch?" Dieser Sprachführer hilft Ihnen, die wichtigsten Wörter und Sätze auf Portugiesisch zu sagen

DATUMS- & ZEITANGABEN

Montag/Dienstag	segunda-feira [ße'gunda 'fäira]/terça-feira ['terßa 'fäira]
Mittwoch/Donnerstag	quarta-feira ['kwarta 'fäira]/quinta-feira ['kinta 'fäira]
Freitag/Samstag	sexta-feira ['ßeschta 'fäira]/sábado ['ßabadu]
Sonntag	domingo [du'mingu]
Werktag/Feiertag	dia útil [dia 'util]/feriado [feri'adu]
heute/morgen/gestern	hoje ['osche]/amanhã [amman'ja]/ontem ['ontäim]
Stunde/Minute	hora ['ora]/minuto [mi'nutu]
Tag/Nacht/Woche	dia [dia]/noite [noit]/semana [ße'mana]
Monat/Jahr	mês [mehsch]/ano ['anu]
Wie viel Uhr ist es?	Que horas são? [keh 'orasch ßau]
Es ist drei Uhr.	São três horas. [ßau tres 'orasch]
Es ist halb vier.	São três e meia. [ßau tres ih 'mäija]
Viertel vor vier/Viertel nach vier	Um quarto para as quatro [ung 'kwartu 'para asch 'kuatru]/quatro e um quarto ['kuatru ih ung 'kwartu]

UNTERWEGS

offen/geschlossen	aberto [a'bärtu]/fechado [fe'schadu]
Eingang/Einfahrt	entrada [en'trada]/entrada [en'trada]
Ausgang/Ausfahrt	saída [ßa'ida]/saída [ßa'ida]
Abfahrt/Abflug/Ankunft	partida [par'tida]/partida [par'tida]/chegada [sche'gada]
Toiletten/Damen/Herren	sanitários [ßanni'tariusch]/senhoras [ßen'jorasch]/senhores [ßen'joresch]
(kein) Trinkwasser	água (não) potável ['agua (nau) po'tawel]
Wo ist ...?/Wo sind ...?	Onde é ...? ['onde eh]/Onde são ...? ['onde ßau]
links/rechts	à esquerda [ah isch'kerda]/à direita [ah di'räita]
geradeaus/zurück	em frente [äi 'frente]/para atrás ['parah'trasch]
nah/weit	perto ['pertu]/longe ['longschä]
Bus/Straßenbahn/Taxi	autocarro [auto'karru]/eléctrico [e'lletriku]/taxi ['taxi]
Haltestelle/Taxistand	paragem [pa'raschäi]/praça de taxis ['praßa de 'taxisch]
Parkplatz/Parkhaus	estacionamento [eschtassiona'mentu]/auto-silo ['auto 'ßilu]
Landkarte/Stadtplan	mapa ['mappa]/mapa da cidade ['mappa dah ßi'dad]
Bahnhof/Hafen/Flughafen	estação ferroviária [eschta'ßau ferrovi'ahria]/porto ['portu]/aeroporto [aähro'portu]
Fahrplan/Fahrschein	horário [o'rahriju]/bilhete [bil'jet]
einfach/hin und zurück	só ida [ßoh 'ihda]/ida e volta ['ihda ih 'wollta]
Zug/Gleis	comboio [kom'boju]/linha ['linja]

Ich möchte ... mieten.	Gostaria de alugar ... [goschta'ria dö allu'gar]
ein Auto/ein Fahrrad/ ein Boot	um carro [ung 'karru]/uma bicicleta [uma bißi'kletta]/um barco [ung 'barku]
Tankstelle/Benzin/Diesel	bomba de gasolina ['bomba dö gaso'lina]/petróleo [pe'trohleo]/gasóleo [ga'sohleo]
Panne/Werkstatt	avaria [awa'riah]/garagem [ga'rahschäing]

ESSEN & TRINKEN

Die Speisekarte, bitte.	A ementa, se faz favor. [ah ih'menta, ß fasch fa'wor]
Flasche/Glas	garrafa [gar'raffa]/copo ['koppu]
Messer/Gabel/Löffel	faca ['faka]/garfo ['garfu]/colher [kul'jer]
Salz/Pfeffer/Zucker	sal [ßall]/pimenta [pi'menta]/açúcar [a'ßuhkar]
Essig/Öl	vinagre [wi'nahgre]/azeite [a'säite]
Milch/Sahne/Zitrone	leite ['läite]/natas ['nahtasch]/limão [li'mau]
mit/ohne Eis/Kohlensäure	com [kong]/sem [ßäing] gelo ['schelu]/gás [gasch]
Vegetarier(in)/Allergie	vegetariano/-a [weschetari'anu/-a]/alergia [aller'schia]
Ich möchte zahlen, bitte.	A conta, se faz favor. [ah 'konta, ß fasch fa'wor]

EINKAUFEN

Apotheke/Drogerie	farmácia [far'mahßia]/drogaria [droga'ria]
Bäckerei/Markt	padaria [pada'ria]/mercado [mer'kadu]
Einkaufszentrum	centro comercial ['ßsentru kommer'ßial]
100 Gramm/1 Kilo	cem gramas [ßäim 'grammasch]/um quilo [ung 'kilu]
teuer/billig/Preis	caro ['karu]/barato [ba'ratu]/preço ['preßu]
mehr/weniger	mais [maisch]/menos ['menusch]
aus biologischem Anbau	biológico [biu'loschiku]

ÜBERNACHTEN

Haben Sie noch ...?	Ainda tem ...? [a'inda täi]
ein Einzelzimmer	um quarto individual [ung 'kwartu individu'al]
ein Doppelzimmer	um quarto de casal [ung 'kwartu dö ka'sal]
Frühstück/Halbpension/ Vollpension	pequeno-almoço [pe'kehnu al'moßu]/meia pensão ['mäija pen'ßau]/pensão completa [pen'ßau kom'pleta]
Dusche/Bad	ducha [duscha]/banho ['banju]
Gepäck/Koffer/Tasche	bagagem [ba'gahschäi]/mala ['mala]/saco ['ßaku]

BANKEN & GELD

Bank/Geldautomat	banco ['banku]/multibanco ['multibanku]
bar/mit Kreditkarte	em dinheiro [äi din'jäiro]/com cartão de crédito [kong kar'tau dö 'krehditu]
Banknote/Münze/ Wechselgeld	nota ['notah]/moeda [mo'ehda]/troco ['troku]

GESUNDHEIT

Arzt/Zahnarzt/Kinderarzt	médico ['mehdiku]/dentista [den'tischta]/pediatra [pedi'atra]
Krankenhaus/Notfallpraxis	hospital [oschpi'tal]/urgências [ur'schenßiasch]
Fieber/Schmerzen	febre ['fehbre]/dores ['dohresch]
Durchfall/Übelkeit	diarreia [diar'räia]/enjoo [äi'schoh]
Sonnenbrand	queimadura [käimah'dura]
(Schmerz-)Tablette	comprimido (para as dores) [kompri'midu ('parah asch 'dohresch)]

TELEKOMMUNIKATION & MEDIEN

Briefmarke/Brief/Postkarte	selo ['ßelu]/carta ['karta]/postal [posch'tal]
Ich brauche eine Telefonkarte fürs Festnetz.	Preciso dum cartão telefónico para a rede fixa. [pre'ßißu dung kar'tau tele'foniku 'prah ah red 'fixa]
Ich suche eine Prepaidkarte für mein Handy.	Procuro um cartão SIM para o meu telemóvel. [pro'kuhru ung kar'tau ßim 'pahra uh mäu tele'mowel]
Wo finde ich einen Internetzugang?	Onde há acesso à internet? ['onde ah a'ßeßu ah 'internet]
wählen/Verbindung/besetzt	marcar o número [mar'kar uh 'numero]/ligação [liga'ßau]/ocupado [oku'padu]
Computer/Batterie/Akku	computador [komputa'dor]/pilha ['pilja]/bateria [bate'ria]
E-Mail/At-Zeichen/WLAN	e-mail ['ih mäil]/arroba [ar'rohba]/wireless ['weierless]

FREIZEIT, SPORT & STRAND

Strand	praia ['praja]
Sonnenschirm/Liegestuhl	guarda-sol [guarda 'ßol]/espreguiçadeira [eschpregißa'däira]
Ebbe/Flut/Strömung	maré baixa [ma'reh 'baischa]/maré alta [ma'reh alta]/corrente [kor'rente]

ZAHLEN

0	zero ['säru]	9	nove ['noww]
1	um, uma ['ung, 'uma]	10	dez ['däsch]
2	dois, duas ['doisch, 'duasch]	20	vinte ['wingt]
3	três [tresch]	21	vinte e um ['wingti 'ung]
4	quatro ['kuatru]	100	cem ['ßäi]
5	cinco ['ßinku]	200	duzentos [du'sentus]
6	seis ['ßäisch]	1000	mil [mil]
7	sete ['ßät]	1/2	um meio [ung 'mäju]
8	oito ['oitu]	1/4	um quarto [ung 'kwartu]

REISEATLAS

Die grüne Linie ▬▬ zeichnet den Verlauf der Ausflüge & Touren nach
Die blaue Linie ▬▬ zeichnet den Verlauf der Perfekten Route nach

Der Gesamtverlauf aller Touren ist auch in
der herausnehmbaren Faltkarte eingetragen

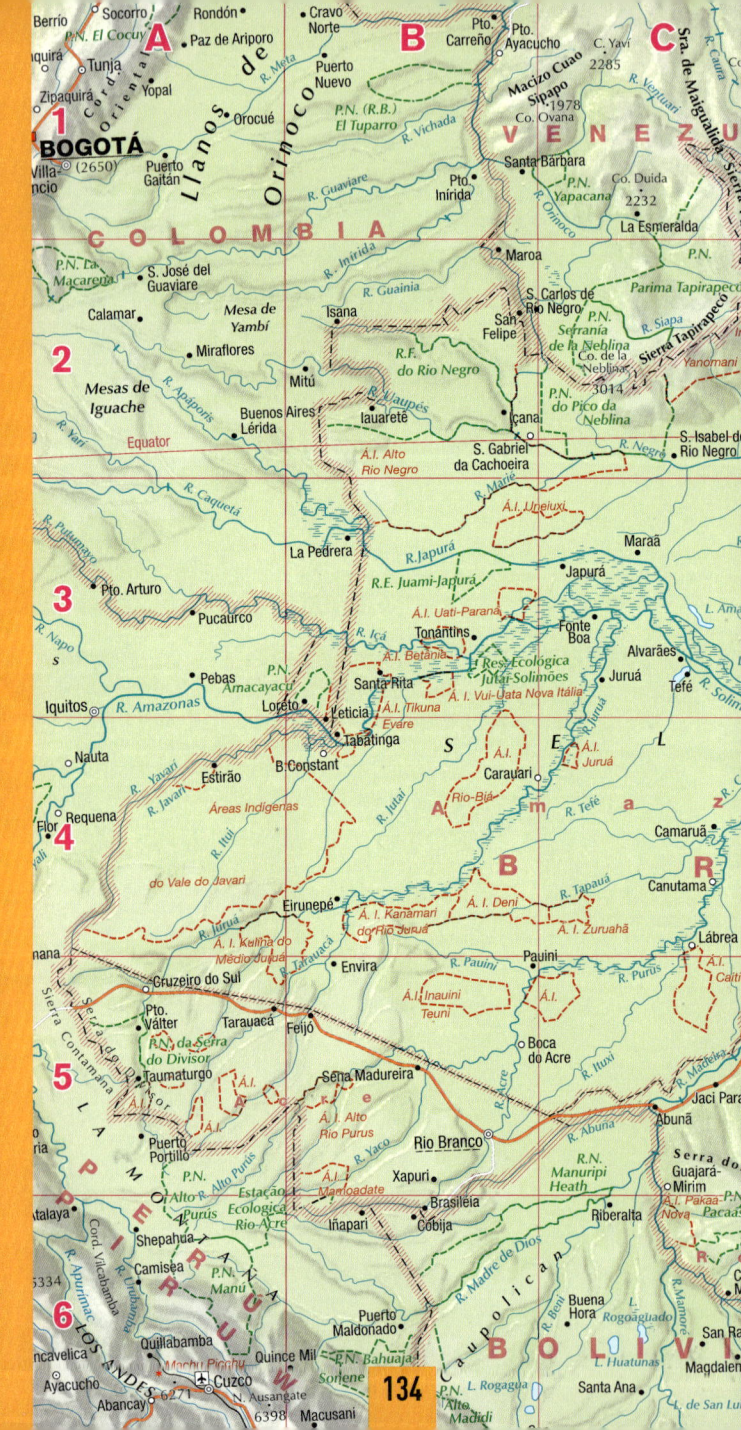

134

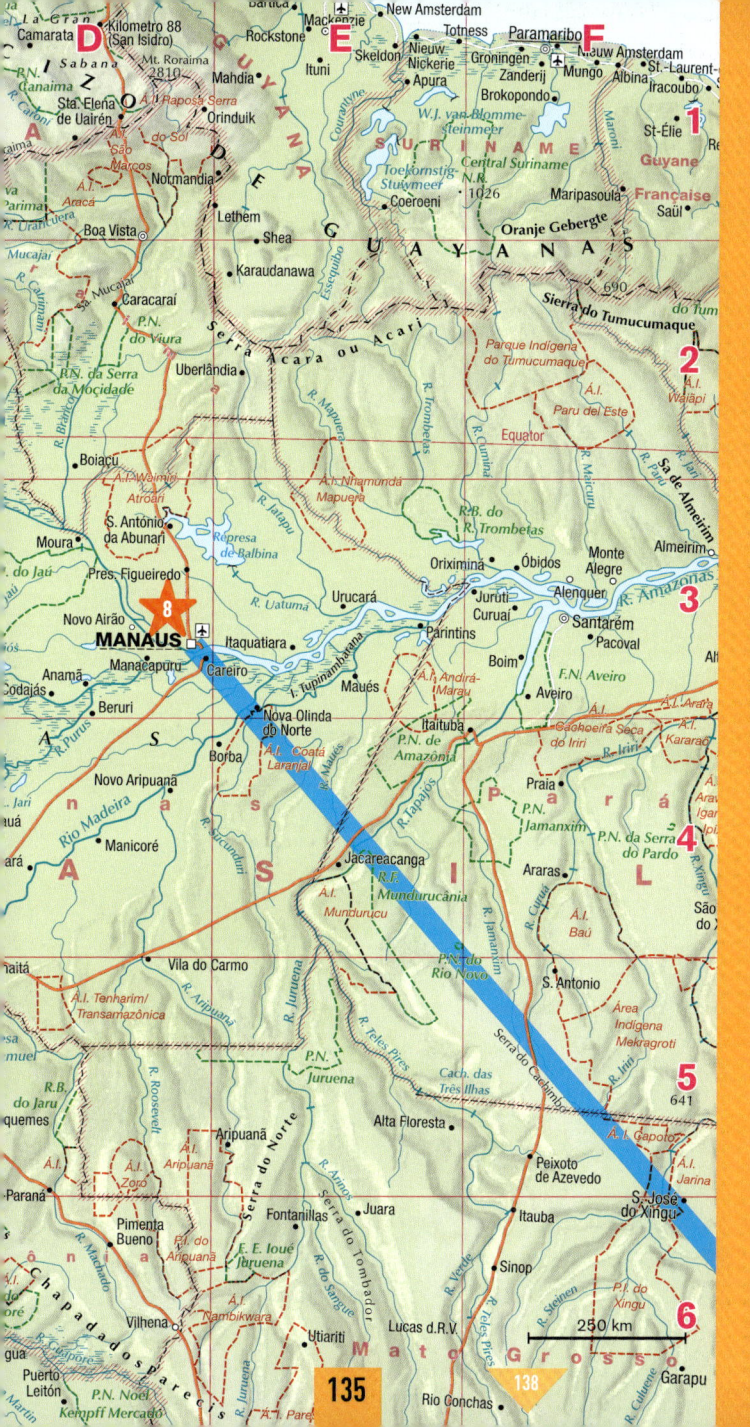

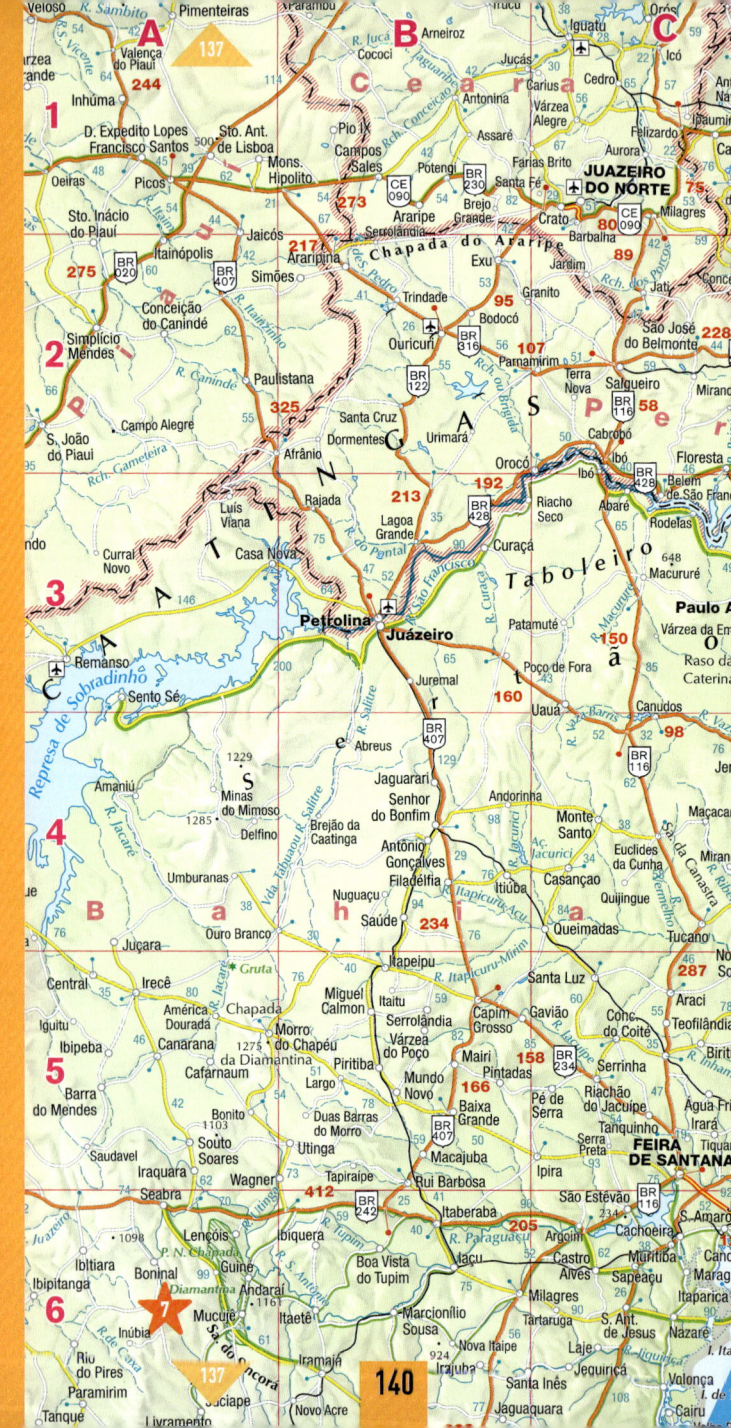

KARTENLEGENDE

German	Symbol	Portuguese / Spanish
Autobahn, mehrspurige Straße - in Bau Highway, multilane divided road - under construction		Auto-estrada, estrada com quatro ou mais faixas - em construção Autopista, carretera de más carriles - en construcción
Fernverkehrsstraße - in Bau Trunk road - under construction		Ruta de longa distância - em construção Ruta de larga distancia - en construcción
Hauptstraße Principal highway		Estrada regional Carretera principal
Nebenstraße Secondary road		Estrada secundária Carretera secundaria
Fahrweg, Piste Practicable road, track		Calçada, pista Camino vecinal, pista
Straßennummerierung Road numbering	13 BR 230 1	Numeração de estradas Numeración de carreteras
Entfernungen in Kilometer Distances in kilometers	259 130 129	Quilometragem Distancias en kilómetros
Höhe in Meter - Pass Height in meters - Pass	1365	Alture em metros - Desfiladeiro Altura en metros - Puerto de montaña
Eisenbahn - Eisenbahnfähre Railway - Railway ferry		Caminho-de-ferro - Comboios Ferrocarril - Transbordador para ferrocarriles
Autofähre - Schifffahrtslinie Car ferry - Shipping route		Batelões para automóveis - Linha de navegação Transbordador de automóviles - Ruta marítima
Wichtiger internationaler Flughafen - Flughafen Major international airport - Airport	✈ ✈	Aeroporto importante internacional - Aeroporto Aeropuerto importante internacional - Aeropuerto
Internationale Grenze - Provinzgrenze International boundary - Province boundary		Fronteira nacional - Fronteira provincial Frontera nacional - Frontera provincial
Unbestimmte Grenze Undefined boundary		Fronteira incerta Frontera indeterminada
Zeitzonengrenze Time zone boundary	-4h Greenwich Time -3h Greenwich Time	Limite de fuso horário Límite del huso horario
Hauptstadt eines souveränen Staates National capital	**BRASÍLIA**	Capital de país soberano Capital de un estado soberano
Hauptstadt eines Bundesstaates Federal capital	**Boa Vista**	Capital de estado Capital de estado
Sperrgebiet Restricted area		Área proibida Zona prohibida
Nationalpark National park		Parque nacional Parque nacional
Antikes Baudenkmal Ancient monument	∴	Construção da antiguidade Yacimiento arqueológico
Sehenswertes Kulturdenkmal Interesting cultural monument	★ Uxmal	Monumento cultural de interesse Monumento cultural de interés
Sehenswertes Naturdenkmal Interesting natural monument	★ Agua Azul Cascades	Monumento natural de interesse Monumento natural de interés
Brunnen Well		Poço Pozo
Ausflüge & Touren Trips & Tours		Excursões & voltas Excursiones & rutas
Perfekte Route Perfect route		Itinéraire idéal Ruta perfecta
MARCO POLO Highlight	★1	MARCO POLO Highlight

ALLE **MARCO POLO** REISEFÜHRER

REGISTER

In diesem Register sind alle im Reiseführer erwähnten Orte und Ausflugsziele sowie einige wichtige Namen und Sachbegriffe aufgeführt. Gefettete Seitenzahlen verweisen auf den Haupteintrag.

SCHREIBEN SIE UNS!

SMS-Hotline: 0163 6 39 50 20

Egal, was Ihnen Tolles im Urlaub begegnet oder Ihnen auf der Seele brennt, lassen Sie es uns wissen! Ob Lob, Kritik oder Ihr ganz persönlicher Tipp – die MARCO POLO Redaktion freut sich auf Ihre Infos.
Wir setzen alles dran, Ihnen möglichst aktuelle Informationen mit auf die Reise zu geben. Dennoch schleichen sich manchmal Fehler ein – trotz gründ-

E-Mail: info@marcopolo.de

licher Recherche unserer Autoren/innen. Sie haben sicherlich Verständnis, dass der Verlag dafür keine Haftung übernehmen kann. Kontaktieren Sie uns per SMS, E-Mail oder Post!

MARCO POLO Redaktion
MAIRDUMONT
Postfach 31 51
73751 Ostfildern

IMPRESSUM
Titelbild: Rio de Janeiro, Hafen/Zuckerhut (picture-alliance: Ehlers)
Fotos: DuMont Bildarchiv: Piepenburg (22, 108/109, 117); Favela Painting project: Haas & Hahn (17 o.); J. Holz (Klappe l., Klappe r., 27, 28, 56/57, 60, 80, 89, 91, 92, 102/103, 111, 115, 120 u., 132/133); Huber: Bartuccio (116/117), Damm (3 u., 94/95), Gräfenhain (2 M.u., 2 u., 9, 10/11, 30 l., 32/33, 37, 42, 52/53, 66, 104); © iStockphoto.com: Kristen Johansen (17 u.); Laif: Arcaid (Seligmann) (34), Contrasto (2 M.o., 8, 50), Hahn (38), Heeb (6, 86), Jonkmanns (28/29, 63), Kreuels (24/25), Piepenburg (65, 96, 112/113), Tophoven (83); mauritius images: Alamy (2 o., 3 o., 4, 5, 21, 26 l., 26 r., 44, 48, 54, 58, 73, 74/75, 79, 107), ib (Kopp) (46), Stockphoto (116); C. Naundorf (3 M., 12, 40, 82, 84/85, 101); Nuwa Spa: Edgar César (16 o.); Osklen: Andrea Passos (16 u.); Paraty Explorer: Simon Heyes (16 M.); picture-alliance: Ehlers (1 o.); B. Rostami-Rabet (1 u., 7, 18/19, 68); Vision 21 (15, 29, 30 r., 70, 76, 99, 120 o., 121)

11. Auflage 2013
Komplett überarbeitet und neu gestaltet
© MAIRDUMONT GmbH & Co. KG, Ostfildern
Chefredaktion: Michaela Lienemann (Konzept, Chefin vom Dienst), Marion Zorn (Konzept, Textchefin)
Autorin: Petra Schaeber; Redaktion: Jochen Schürmann
Verlagsredaktion: Anita Dahlinger, Ann-Katrin Kutzner, Nikolai Michaelis
Bildredaktion: Gabriele Forst
Im Trend: wunder media, München
Kartografie Reiseatlas: © MAIRDUMONT, Ostfildern; Kartografie Faltkarte: © MAIRDUMONT, Ostfildern
Innengestaltung: milchhof:atelier, Berlin; Titel, S. 1, Titel Faltkarte: factor product münchen
Sprachführer: in Zusammenarbeit mit Ernst Klett Sprachen GmbH, Stuttgart, Redaktion PONS Wörterbücher

BLOSS NICHT

Ein paar Tipps, die Ihnen den Aufenthalt in Brasilien erleichtern

UNGEPFLEGT AN DIE ÖFFENTLICHKEIT GEHEN

Es wird Ihnen auffallen, dass die meisten Brasilianer, wenn sie auf die Straße gehen, wie aus dem Ei gepellt aussehen. Gammellook ist allenfalls in Rio oder São Paulo und nur mit der „richtigen" Markenkleidung angesagt, ansonsten machen sich die Brasilianer eher schick. Bevor man auf die Straße geht, wird geduscht und frische Kleidung angezogen, Haare gekämmt und Parfüm aufgesprüht – so machen es schon die Kleinsten auf dem Weg zum Kindergarten. Deshalb riecht es morgens im Gedränge eines Stadtbusses oder abends im Tanzschuppen nach Seife und Parfüm und nicht nach Schweiß. Letzteres würde unangenehm auffallen, ebenso wie schmuddelige Kleidung.

MIT TEUREM SCHMUCK UNTERWEGS SEIN

In kaum einem Land werden Ausländer so herzlich aufgenommen wie in Brasilien. Andererseits ist die Sicherheit eines der größten Probleme des Landes. Am besten haben Sie möglichst keine Wertsachen dabei, also keine teure Uhr, kein Schmuckstück, an dem das Herz hängt. Die Kamera muss nicht locker am Handgelenk baumeln. Etwas Bargeld in einer Innentasche und eine Kopie der wichtigen Dokumente reicht, um sich auf der Straße zu bewegen. Gelegenheit macht Diebe – auch in Brasilien. Sollten Sie tatsächlich überfallen werden, leisten Sie auf keinen Fall Gegenwehr, sondern bleiben Sie ganz ruhig und geben alles her! Und lassen Sie sich durch Ihr Gefühl leiten: Wenn die Gasse finster und menschenleer ist, lieber meiden, als es drauf ankommen zu lassen. Sollten Sie im Karneval oder bei anderen Festen in Menschenaufläufe geraten, freundlich lächeln. So kann man in Brasilien eine Beziehung zu den Mitmenschen herstellen – die meisten sind Ihnen wohlgesonnen.

NACKT AM STRAND LIEGEN

Auch wenn es auf den ersten Eindruck anders erscheint: In Brasilien gibt es ungeschriebene Regeln der Strandbekleidung. Knapp darf es sein, aber nicht ohne. Nudistenstrände sind eine Seltenheit, und oben ohne geht allenfalls am Posto 9 in Rio. Umziehen am Strand hinter vorgehaltenem Handtuch ist ebenso unüblich wie Stringtangas für Männer. Und noch etwas: Mit Strümpfen in Sandalen erkennt Sie jeder als Tourist.

AUFREGEN

Bleiben Sie immer ruhig und freundlich, auch wenn es mal länger dauert, es laut wird oder irgendetwas schiefläuft. Auch wenn Sie vollkommen im Recht sind: Versuchen Sie, gemeinsam mit dem Gegenüber zu einer Lösung zu kommen. Brasilianer möchten ihr Gesicht wahren und weichen Konflikten lieber aus, als es drauf ankommen zu lassen. Dafür finden sie auch dann noch eine Lösung, wo es eigentlich keine gab. Ist das Problem beseitigt, freut man sich zusammen darüber.